A VIDA,
O TEMPO,
A PSICOTERAPIA

Dados Internacionais de Catalogação na Publicação (CIP)
(Câmara Brasileira do Livro, SP, Brasil)

Juliano, Jean Clark
  A vida, o tempo, a psicoterapia / escritos de Jean Clark Juliano. — São Paulo : Summus, 2010.

  ISBN 978-85-323-0659-3

  1. Diálogo 2. Gestalt-terapia 3. Psicoterapeuta e paciente 4. Psicoterapia I. Título.

10-03860   CDD-616.89143
                                                              NLM-WM 420

Índices para catálogo sistemático:

1. Diálogo : Gestalt-terapia : Psicoterapia : Medicina   616.89143
2. Gestal-terapia : Psicoterapia : Medicina   616.89143

Compre em lugar de fotocopiar.
Cada real que você dá por um livro recompensa seus autores
e os convida a produzir mais sobre o tema;
incentiva seus editores a encomendar, traduzir e publicar
outras obras sobre o assunto;
e paga aos livreiros por estocar e levar até você livros
para a sua informação e o seu entretenimento.
Cada real que você dá pela fotocópia não autorizada de um livro
financia um crime
e ajuda a matar a produção intelectual em todo o mundo.

A VIDA,
O TEMPO,
A PSICOTERAPIA

escritos de
Jean Clark Juliano

summus
editorial

A VIDA, O TEMPO, A PSICOTERAPIA
Escritos de Jean Clark Juliano
Copyright © 2010 by Jean Clark Juliano
Direitos desta edição reservados por Summus Editorial

Editora executiva: **Soraia Bini Cury**
Editoras assistentes: **Andressa Bezerra e Salete Del Guerra**
Projeto gráfico, capa e diagramação: **Acqua Estúdio Gráfico**
Foto da capa: **Ronaldo Miranda Barbosa**
Foto da contracapa: **Rafael Cusato**

1ª reimpressão, 2021

Summus Editorial
Departamento editorial:
Rua Itapicuru, 613 – 7º andar
05006-000 – São Paulo – SP
Fone: (11) 3872-3322
http://www.summus.com.br
e-mail: summus@summus.com.br

Atendimento ao consumidor:
Summus Editorial
Fone: (11) 3865-9890

Vendas por atacado:
Fone: (11) 3873-8638
e-mail: vendas@summus.com.br

Impresso no Brasil

DEDICATÓRIA

A parte mais difícil de escrever um livro é escolher as pessoas mais importantes no conjunto de meus escritos. Em primeiro lugar, dedico esta obra ao meu companheiro de tantos anos, o Luiz, sempre presente nas minhas invenções.

Não posso deixar de citar a minha dedicada amiga Maria de Lourdes dos Santos (Dadá); sem ela eu não teria terminado esta tarefa.

Aos meus filhos muito amados, André e Pedro, que durante a infância adoravam ler contos e histórias. E a suas respectivas esposas, Ana Paula e Paula Cristina, que nos presentearam com três netas preciosas.

Com especial carinho às minhas lindas netas, Alice (15 anos), Sophia (3 anos) e Laura (1 ano), para as quais espero poder contar muitas histórias, fazendo que aprendam a gostar de escrever e encantem as crianças que virão no futuro.

Espero que todos gostem deste livro, e que levem adiante a imaginação necessária para desenvolver a criatividade e o encantamento pela vida.

AGRADECIMENTOS

Ao Instituto Sedes Sapientiae, o início do trabalho.

Ao Instituto Gestalt de São Paulo, garantia da continuação da Gestalt no Brasil.

Ao Instituto Gestalt-Terapia de Goiânia, onde fui estimulada a escrever pela insistência de Virginia Elizabeth Suassuna Martins Costa e Marisete Malaguth Mendonça dos Reis.

Ao Grupo Editorial Summus, pela publicação destes textos.

E especialmente a Thomaz Souto Corrêa, jornalista e querido amigo, por ter aceitado escrever a apresentação desta obra.

SUMÁRIO

Prefácio – A casinha no meio do jardim, 11
Apresentação, 13

PARTE I
Reflexões sobre psicoterapia 15
    Um pouco da minha experiência, 17
    Uma visão de psicoterapia, 19
    Conversando com meus botões..., 27
    Voltando no tempo, 37
    Psicoterapia: memória e tempo, 45
    O terapeuta como figura: reflexões, 61
    Atrevendo-me a escrever textos, 71
    Carta para meu amigo Paulo, 77
    Conversando com uma jovem estudante, 81
    Carta para um novo amigo, 87

PARTE II
Reflexões sobre a vida e outros escritos 93
    O antiquário, 95
    Uma menina chamada Luli, 101
    Duas meninas e a caixinha de sonhos da infância, 107
    Tempo de Páscoa, 113

Conversando com Frei Betto, 119
Acompanhando as voltas que o mundo dá, 123
O caminho que leva à maturidade, 133
Setembro, com os ipês floridos, 141

Conclusão, 145
Epílogo – O resgate do diálogo, 147

PREFÁCIO
A CASINHA NO MEIO DO JARDIM

Lendo os escritos de Jean Clark Juliano, me lembrei da história contada por um amigo.

Um professor de ioga, que morava no Rio de Janeiro, decidiu que queria construir uma casa para a cerimônia do chá no pequeno jardim que cultivava em Santa Teresa. Soube que morava em São Paulo um velho sábio japonês especialista em casas de chá.

Achou o velhinho e o convidou para visitá-lo no Rio de Janeiro. O sábio chegou e pediu para ver o jardim. E lá ficou durante horas. Andava de um lado para o outro, parava num canto, olhava em volta, olhava para cima, depois mudava de lugar. Quando reapareceu, pediu para voltar no dia seguinte e recomeçar o trabalho. Voltou e de novo ficou horas no jardim. Quando terminou, o professor, inquieto e respeitoso, perguntou quando poderia ver o projeto da casa.

"Projeto? A casa não tem projeto", reagiu o sábio. "Não sou eu quem escolhe o lugar. Ela escolhe onde vai nascer. E vai crescer como uma planta. Planta lá tem projeto? E o senhor quer saber mais? Eu não sei quanto tempo vai levar até ela escolher o lugar. Será o tempo que for..."

O amigo que me contou essa história foi um dia visitar o antigo professor. Sabia que a casa para a cerimônia do chá tinha sido construída. Entrou e, enquanto conversava com o velho mestre, buscava pelas janelas algum sinal da casa no jardim. Percebendo a curiosidade do meu amigo, o professor convidou-o até o canto de uma janela. E apontou para onde se via apenas o topo da casa de chá. Lá estava ela, assentada no pequeno jardim. Quando visitaram a pequena construção, o professor revelou outra característica da casa de chá: o caminho para a porta nunca é uma reta. Ele também passa por onde tem de passar.

Gosto de pensar que o terapeuta é como o sábio que nos ajuda a andar pelo jardim, procurando o local para erguer a casa da cerimônia do chá. Ele também nos ajuda a erguer a casa, sem projeto, como uma planta cujas raízes se firmam dentro de nós. Essas raízes abrem espaço para a planta que será a casa. E então faremos as cerimônias que festejarão a simplicidade de viver. Também com o terapeuta aprendemos que o caminho para a porta da casa nunca é uma linha reta: é preciso passar por curvas e desníveis, mas com a ideia de aonde chegar sempre muito presente. Nas nossas cerimônias pode-se até beber chá, mas o que conta é o respeito e o cuidado com que oficiamos nossa busca.

Este livro aborda muito mais do que experiências terapêuticas. Jean conta mitos e sonhos, memórias e lições. Como o velho sábio andando pelo jardim, ela circumambula – como gosta de dizer – pelas experiências vividas em todas as etapas pessoais e profissionais de uma vida intensa. Tão intensa que, ao chegar ao epílogo e contar como a vida a surpreendeu nos últimos anos, a revelação é forte e ao mesmo tempo tranquila.

Este é um livro que se lê pensando na própria vida, sem deixar de se fascinar pelo relato da autora. No fim, pelo menos para mim, ficou mais fácil entender por que a casa escolhe o lugar onde quer crescer, sem se impor, fazendo parte do jardim e mostrando apenas o que quer mostrar. São assim os escritos de Jean Clark Juliano: mostram que o caminho não é uma reta, mas sempre leva lá, onde a gente quer, tantas vezes sem saber. Mas confiando no velho sábio, que constrói casinhas para a cerimônia de celebrar a vida com uma simples xícara de chá.

Thomaz Souto Corrêa
Jornalista

APRESENTAÇÃO

Eis-me aqui diante de uma pilha de textos meus, das mais diferentes origens. Esses escritos não estão organizados em ordem cronológica, e sim em "temas".

Estou um pouco ansiosa, curiosa para saber qual vai ser sua reação ao que vai ler. Vou falar um pouco de mim para que você possa se localizar.

Sou uma das fundadoras do grupo de Gestalt do Brasil, criado há mais de quarenta anos. Assim, o livro começa com alguns comentários sobre a Gestalt e sobre a minha forma de trabalhar. Há alguns textos infantis, que provocam em nós uma suave nostalgia em relação ao aparecimento da "criança interna". Em outros momentos, relato situações tristes ligadas à maturidade e ao processo de envelhecimento. Além disso, adicionei cartas enviadas a amigos queridos.

Cada texto tem o seu "tom" de Gestalt – de modo sutil, é verdade, mas muito presente. Para quem sabe ver...

Falo um pouco de teoria, só para situar o leitor diante daquilo que está escrito. Teoria não é o meu forte. Meus textos vêm do contato com o cliente e/ou da minha imaginação. Acredito que a imaginação é o melhor bálsamo para as dores que nos assaltam de vez em quando.

A Gestalt de hoje está em plena transformação. Já se fala em Gestalt-literatura, baseada na aceitação de troca de histórias entre terapeuta e cliente, o que outrora constituía um pecado mortal! Utilizo muitos contos de fadas, e também tenho a sorte de deparar com um fenômeno chamado "serendipidade".

A palavra *serendipity* foi usada pela primeira vez em 1754 pelo escritor inglês Horace Walpole (1717-1797), ao mencionar a lenda persa "Os três príncipes de Serendib" (antigo nome do Ceilão, atual Sri Lanka). Segundo a história, três irmãos, filhos de um sábio rei, saíram sem destino pelo mundo, a mando do próprio pai, com o objetivo de enfrentar o desconhecido e encontrar coisas que não estavam especificamente procurando. Nesse percurso, acabaram descobrindo maravilhas por "acidente", usando sagazmente a intuição.

De fato, muitas descobertas não são aleatórias, mas dependem de pessoas talentosas e criativas. Acho que a expressão "Atirou no que viu e acertou no que não viu" ocorre em psicoterapia. Quantas vezes lutamos bravamente para desvendar um tema obscuro com o cliente e de repente nos damos conta que esse mesmo tema está bem debaixo do nosso nariz?

Muitas vezes, diante de um grande sofrimento, surge uma pessoa em que confiamos. Então, trocamos histórias e dores e nos surpreendemos e passamos por uma renovação de vida, pelos caminhos mais desconhecidos.

Desejo que este livro desperte a "serendipidade" em você.

PARTE 1
REFLEXÕES SOBRE PSICOTERAPIA

UM POUCO DA MINHA EXPERIÊNCIA

Tenho o orgulho de ser da primeira turma de psicólogos formados pela Pontifícia Universidade Católica de São Paulo (PUC-SP), onde trabalhei por 23 anos como professora e coordenadora de grupos nas áreas referentes à psicoterapia.

Sou pioneira na introdução de Gestalt-terapia no Brasil. Estudei com os principais terapeutas e pensadores dessa abordagem. Fundadora do Centro de Estudos de Gestalt de São Paulo, sou atualmente consultora dos diversos cursos de aperfeiçoamento e de pós-graduação em várias regiões do país. Além de psicoterapeuta há mais de quarenta anos, sou esposa, mãe e avó.

Apesar de todo o treinamento recebido na faculdade, eu não queria ser posta numa forma pronta na qual deveria caber de qualquer jeito. Eu almejava moldar um jeito próprio de trabalhar, baseado na intuição. Com a passagem do tempo, comecei a ter muito prazer em escrever, deixando de lado a postura fóbica que me perseguia cada vez que eu tinha de apresentar uma palestra ou participar de uma mesa-redonda.

Com o uso do computador e do e-mail, comecei a trocar textos com colegas que muito me incentivaram.

A escrita surgiu mais recentemente, refletindo o desejo entusiasmado de deixar registrados fatos vividos e situações curiosas na forma de contos e histórias. O jeito é prosseguir nessa empreitada.

Partindo desses textos, criei um trabalho em grupo que denominei "Trabalhando com-textos". Assim, passei a usar meus escritos como aquecimento para aprofundar a discussão sobre um tema proposto.

Hoje eu não poderia categorizar meu trabalho, dizendo que pertenço a esta ou àquela escola. Só sei com certeza que a Gestalt que conheci não é mais a mesma. O espaço cresceu muito, podemos e devemos dialogar. A literatura está entrando sem pedir licença, e com base nela podemos iniciar um novo tipo de trabalho.

O uso de textos amplia enormemente o diálogo entre o terapeuta e o cliente. E é disso que precisamos, porque o ponto mais crucial da terapia é a facilitação do entendimento entre os dois. Um conto, uma história, uma fábula a respeito da família, todos funcionam como um laboratório sem assustar o cliente. A antiga insistência em ficar no aqui e agora se tornou obrigatória, exigindo que se ficasse num já imediato.

Depois que comecei a trabalhar com a literatura, notei que clientes e amigos, vagarosamente, começaram a tirar seus escritos do fundo da gaveta. Aos poucos, criou-se uma ciranda de pessoas que, emocionadas, também se tornaram contadoras de histórias.

UMA VISÃO DE PSICOTERAPIA

A importância de ler o mundo antes de ler a palavra, ou tributo a Paulo Freire

Como eu disse anteriormente, este livro não pretende ser acadêmico. Um de seus objetivos é servir como uma trilha que oriente o leitor interessado em psicoterapia. Pessoalmente, gosto de trabalhar com histórias, fatos ocorridos e contos de fadas, pois os considero instrutivos sem serem ameaçadores.

Escute. Aprenda. Continue. Essa é a essência de todo conto.

Quando prestamos atenção nas mensagens do passado, percebemos que há padrões desastrosos, mas também aprendemos a prosseguir com a energia de quem percebe as armadilhas antes de ser capturado por elas. Surgem novas oportunidades de consertar o estrago, de moldar nossa vida da forma que emocionalmente merecemos.

Nos contos de fadas estão gravadas ideias infinitamente sábias que durante séculos se recusaram a se deixar mutilar, desgastar. Desde a descoberta do fogo, os seres humanos se sentem atraídos pelos contos místicos. Por quê? Porque eles apontam para um fato importante: embora a alma, em sua viagem, possa tropeçar ou se perder, no fim ela reencontrará seu coração, sua natureza divina, sua força, seu caminho para Deus em meio à floresta sombria – ainda que leve vários episódios para descobri-los ou recuperá-los.

Dito isso, falarei dos diversos passos que damos do início ao fim do trabalho terapêutico. Pretendo discutir a ideologia subjacente a ele e as possíveis intervenções que surgem durante o processo.

O objetivo da psicoterapia é a restauração do diálogo do cliente com o seu mundo. Partimos do pressuposto de que, em algum ponto do seu desenvolvimento, esse diálogo foi gravemente interrompido, o que tornou a pessoa descrente das suas possibilidades.

No consultório, a presença do terapeuta – com sua atenção e escuta interessada – constitui o laboratório no qual o cliente ensaia contar suas histórias. Na segurança da intimidade, na confiança que se estabelece aos poucos, a abrangência dessas histórias vai aumentando. Com a cumplicidade do terapeuta, um diálogo começa a se tornar possível, indo até o ponto em que a história pode ser ressignificada. Essa ressignificação, essa mudança do olhar, ajuda o cliente a se reaproximar do seu mundo.

A atenção do terapeuta deve estar centrada não apenas no conteúdo do relato, mas principalmente em *como* tal conteúdo é narrado. É de suma importância perceber o nível de interesse exposto pelo cliente na narrativa, pois isso revela o grau de integração da pessoa. Quanto menor a energia direcionada para a expressão do relato, menor a integração. Quanto menor a integração, menor é a energia direcionada para a expressão do relato. O indivíduo age como se não tivesse nada a contar ou, ainda, como se não existisse ninguém interessado em ouvir.

A escuta interessada por parte do terapeuta é curativa em si, na medida em que consegue, por espelhamento, fazer emergir o interesse da pessoa por si mesma, abrindo espaço para características que estavam escondidas ou negadas. O cliente se redimensiona ao sentir o interesse do terapeuta.

A busca desesperada de reconhecimento pode ser deixada de lado. Ocorre uma restauração: aquele que na infância foi desqualificado, ou cujas necessidades não foram percebidas, passa a ser confirmado pelo que é. Assim, não precisa mais se esforçar para se parecer com aquilo que ele pensa que os outros gostariam que ele fosse.

A presença de outro interessado auxilia na liberação da expressão e do diálogo, ajudando a descristalizar figuras antigas, arejando a percepção. Com o calor da confiança começam a emergir histórias que estavam soterradas e, à luz do dia, aparecem sonhos, fantasias, devaneios, esperanças.

Até agora descrevi, num voo panorâmico, as condições básicas do processo terapêutico. Fica a questão: como se consegue chegar até aí?

Vamos por etapas: embora a sequência delas seja apenas didática, é um ponto de partida para que possamos dialogar. *Não existe nenhuma teoria pronta e imutável. As ideias apontam para a existência de um mapa, um norte para os muitos momentos tão humanos em que nos encontramos perdidos.*

Costumo dizer aos alunos que a diferença entre nós, terapeutas, e eles, é que nós estamos mais acostumados a ficar perdidos. Abrimos espaço para o não saber, acreditando que a vida é um processo autorregulador de onde, se soubermos esperar, virá alguma elucidação.

A acolhida do cliente

Quando o cliente chega até nós para pedir ajuda psicoterápica, habitualmente, o único dado claro é que ele quer se livrar da dor. Essa dor que pulsa continuamente não faz sentido; os processos da pessoa são obscuros, suas funções de contato estão atravancadas. Ela está aprisionada, apartada de si mesma. A via de acesso às suas potencialidades está cheia de entulho.

Passada a fase em que abrimos para o cliente o espaço necessário para que ele se coloque e se sinta ouvido, começamos aos poucos aquilo que costumo chamar de período de alfabetização, no qual vamos dar mais foco a "como" ele se apresenta.

Essa fase se baseia na *awareness*. Palavra difícil de ser traduzida, é o núcleo central de todo o arcabouço da Gestalt-terapia. Quer dizer algo como "estar aberto para a experiência do momento presente", "dar-se conta", "conscientizar-se", "viver no aqui e agora no seu sentido mais estrito".

Quando, no transcorrer da sessão, interrompemos o relato do cliente porque algo na sua voz, postura ou forma de expressão nos chamou a atenção, e perguntamos a ele como está se sentindo naquele momento, em geral a resposta é um olhar perplexo, como se a pergunta tivesse vindo de algum marciano, com hábitos e linguagem totalmente estranhos.

Acostumamo-nos a falar *sobre* as coisas, esquecendo que, na narrativa verdadeiramente íntegra, relato e emoção caminham juntos, alcançando a "palavra plena". Podemos dizer que a neurose é um processo de constante interrupção.

Ao pedir ao cliente que se dê conta daquilo que está vivendo no aqui e agora, interrompemos a interrupção. A insistência no trabalho no aqui e agora cessa o processo desgastado de ficar preso numa situação antiga, inacabada, que retorna vezes sem fim. Ou, ainda, de ficar num eterno ensaio daquilo que tem de ser realizado; a energia é direcionada apenas para a fantasia, para o imaginário, onde tudo é mais confortável porque dá certo.

Tanto o ato de remoer histórias antigas quanto o planejamento incessante não dão espaço para que se experimente o novo que surge a cada momento.

Figura e fundo

A boa percepção, envolvendo todos os órgãos dos sentidos, é um processo de formação de figura e fundo. Trata-se de um sistema binário. Figura é a sensação que predomina, tornando-se cada vez mais nítida, e, quando chega a ficar completa, complexa, cheia de detalhes, reflui para um fundo, de onde germina uma nova figura – e assim sucessivamente. No início do processo terapêutico, trabalhamos quase didaticamente em relação à *awareness*, passando pela ênfase na percepção sensorial e na formação de figura-fundo. Esse trabalho visa auxiliar o cliente a hierarquizar suas necessidades. No momento em que essas necessidades são nomeadas, a energia para a ação é liberada, e assim a pessoa vai em busca, no mundo, daquilo que necessita, fechando o ciclo de contato.

Fases individuais do ciclo de contato

1. *Sensação e awareness envolvem todas as experiências surgidas por meio dos sentidos*

O indivíduo precisa selecionar uma *awareness* dentre milhares de estímulos internos e externos que bombardeiam os sentidos. Tais estímulos são visuais, táteis, olfativos, auditivos; trata-se de sensações fisiológicas e proprioceptivas. O término dessa fase resulta na habilidade de formar uma *awareness* clara e límpida.

2. *Energia e mobilização*

Quando uma *awareness* se define, o interesse e a energia organizam um desejo. Desse modo, figuras que competem refluem para o fundo, enquanto a energia fica investida no conteúdo dominante. A tarefa dessa fase é formar uma figura bem delineada que sobressai em um contexto rico e variado.

3. *Movimento ou ação*

Estágio constituído pela soma dos dois anteriores. Nessa fase, pela primeira vez, bloqueios nos dois primeiros estágios ficam óbvios para o cliente. Isso o ensina a se movimentar em direção a um objeto atraente e a se afastar de objetos não atraentes.

4. *Contato*

É fruto da fase anterior. Desejos ou preocupações se enquadram num todo recém-criado, um todo diferente da soma de suas partes. O contato forte é baseado numa *awareness* clara apoiada pela energia. O contato catalisa energia e continua a tornar mais nítida a figura. A fase do contato também é observável externamente.

5. *Retração*

Nessa fase, aprecia-se aquilo que foi e aquilo que não foi. Trata-se de um estágio lento, porque a maior parte da energia foi tirada da figura e a pessoa está se posicionando para abrir mão do seu passado, do que lhe faz mal e de tudo que não lhe serve mais. Só assim ela pode se retrair e abrir espaço para novas sensações.

Libertando a expressão

Somos seres relacionais. Estamos mergulhados num contexto de múltiplos estímulos, mas só temos capacidade de formar uma figura de cada vez. Na maior parte das vezes, a satisfação das necessidades se dá no contato do indivíduo com o meio. A nossa meta é o diálogo. Ele permite oxigenar ideias, sensações e projetos que, guardados dentro de nós, ficariam sem uso. Do nosso encontro podem surgir elementos novos que, expressos, incentivam a criatividade. Se tivermos vontades ou projetos preestabelecidos, nada de novo acontecerá. Dessa forma, do encontro entre duas pessoas que abdicam de seus pressupostos emerge uma terceira possibilidade.

O ponto de partida para a busca do diálogo é a libertação da expressão – qualquer que seja ela, por mais truncada e obscura que pareça. Esse diálogo se inicia de maneira unilateral. O terapeuta acolhe, espera, lança iscas para o início da expressão. No seu isolamento, o cliente se acostumou a aconchegar a si próprio, contando histórias "para dentro". Devagar, ele consegue liberar aquilo que está mais prontamente disponível, em geral pedaços de histórias, decorados de tanto ser repetidos internamente.

Restaurando o diálogo

Uma vez que esteja com a expressão mais solta, o cliente passa a preencher melhor seu espaço no diálogo, instalando uma fase de companheirismo. Restaurado o diálogo, a interação pode ser confirmada. O fato de ser ouvido com atenção ajuda a estabelecer uma relação de confiança. A partir desse ponto, o terapeuta pode se voltar para a realidade existencial. Para além de sensações subjetivas e intrapsíquicas, existe um mundo real habitado por pessoas reais, pelas quais somos responsáveis.

Em alguns momentos, trabalhamos com a estrutura perceptual do cliente, procurando aumentar e refinar seu potencial de contato consigo mesmo e com pessoas significativas em sua vida; ele tem de tentar ampliar sua capacidade de diálogo. Em outros momentos, trabalhamos com as interrupções de seu processo; começamos a completar e a pavimentar as brechas que, porventura, estejam impedindo que a *awareness* se torne mais fluida.

A busca da *awareness*, da formação de figuras em relação ao seu fundo, do contato, corre ao largo de todo o percurso, em camadas e formas cada vez mais complexas.

Restaurado o diálogo, a interação fica permeada por um interesse genuíno no encontro com a outra pessoa. O terapeuta se constitui no outro, que tem existência própria, podendo viver a sua diferença e, com base nela, enriquecer o mundo do cliente.

Reconstrução da história pessoal

É interessante notar que as experiências trazidas e relatadas pelo cliente, após a restauração do diálogo, continuam as mesmas. Os acontecimentos e traumas, queiramos ou não, são patrimônio da pessoa. O que muda radicalmente é o olhar que se tem deles. Durante o processo terapêutico houve uma contínua circumambulação ao redor dessas histórias, desta feita com companhia. Procurou-se até buscar o sentido dessas dores na vida do cliente; aquilo que se iniciou como um ajustamento criativo diante de uma situação pouco palatável se torna agora uma defesa anacrônica, da qual a pessoa avalia se está pronta a abrir mão.

Terapeuta e cliente, cúmplices, passam a tecer a história, ressignificando-a com os fios que foram trazidos. Começa a surgir uma trama de centenas histórias esparsas, arranjadas de forma diferente. O resultado é um desenho de estrutura diversa daquela que foi anteriormente trazida. A tecelagem conjunta constitui uma tapeçaria nova, que pode ser apreciada de perspectivas distintas.

Começam a aparecer, de maneira inequívoca, sinais de que está chegando a hora de fechar a relação terapêutica. O cliente, por meio da *awareness* e do contato, é capaz de se administrar, diagnosticando suas necessidades e sabendo como e onde buscar soluções para elas. Ele é capaz de contar sua história de maneira rica e complexa, preenchendo cada parte da narrativa com a emoção de um escritor talentoso. Revela-se um ser interessante e interessado, sentindo-se capaz de ser responsável pela coautoria do seu destino.

CONVERSANDO COM MEUS BOTÕES...

Sempre que um cliente nos procura, não vem desacompanhado: traz na bagagem um conjunto de acontecimentos, personagens e visões de mundo que representam os tempos em que ele vive – portanto, em que nós vivemos. A pessoa é o resumo da cultura atual. E nós também. Quero dizer com isso que devemos estar conscientes da impossibilidade de fazer sempre ponderações objetivas.

Nós também, por melhores que sejamos, estamos imersos nas oscilações da cultura e sujeitos a elas. Somos antigos e, ao mesmo tempo, contemporâneos.

Hoje fico me questionando: essa pessoa vem em busca de quê? O que faz que nos escolha? Qual é a imagem que emana de nós sem que precisemos dizer ou fazer algo? O que a faz imaginar que temos a oferecer o que ela vem buscar?

O que nos faz ficar indignados? Ou apaziguados? O que consideramos saudável? Ou normal? Como é o homem que a sociedade espera que ajudemos a construir? Que qualidades e talentos ele precisa desenvolver? Quais são as nossas crenças? Quando aceitamos trabalhar com um cliente, qual é a ideologia que norteia o rumo que tomamos? Qual é o nosso critério de felicidade?

Qual é a tarefa da psicoterapia nos tempos atuais?

Diante de alguns clientes, a imagem que me vem a cabeça é a do surfista: ele é capaz de enfrentar muitas ondas, leva tombos, bebe água, mas está em eterno movimento, fazendo o possível para permanecer vivo.

Às vezes fico em dúvida se o que oferecemos é o realmente necessário. Vou compartilhar com vocês alguns pedaços da história vivida com o Marcelo.

Foi só depois de uma longa negociação ao telefone que conseguimos um horário em comum, comportamento que outrora poderia ser entendido ou interpretado como resistência. O fato é que ele não tinha tempo mesmo.

Ao recebê-lo no consultório, vejo um jovem bonito, de terno e gravata, carregando ícones de nossa cultura atual: a pasta com o notebook e o telefone celular na cintura.

Ele começa querendo negociar que as sessões sejam em dias e horários alternados, para que não se forme um padrão, que poderá ser percebido pelo chefe. Imagine se ele descobre que Marcelo está em terapia! Além disso, questiona se o trabalho, do modo como eu proponho, funciona. Não será melhor ser atendido quando tiver uma questão importante com a qual lidar, e aí ficar trabalhando até chegar a um bom termo sobre essa questão?

Pergunta também a respeito de minha orientação teórica, onde me formei e o que conheço do mundo empresarial. Ao relatar alguma situação, tem muita vontade de saber minha opinião, rapidamente transformando o acontecimento em um "case", um estudo de caso, como faz no trabalho. E de nada adiantam as evasivas tradicionais (do tipo devolver a questão). Marcelo quer aprender a ter muito claras, nas próprias mãos, suas dificuldades. É bastante aplicado, inclusive na terapia – que ele chama de "consultoria".

Um dia, ele chega muito deprimido por haver rompido um namoro longo, seu relacionamento afetivo mais importante até aquele momento. Ele sente que seu mundo desabou e se espanta com isso, não reconhecendo a si próprio. Afinal de contas, ele é tão racional! Logo agora tem de acontecer? Justo na época de provas do seu último semestre do curso superior? Ele não pode, de forma alguma, tirar menos de 7, para não manchar seu currículo.

Marcelo começa a contar que os colegas estão aborrecidos com ele e acabam colocando-o de lado, pelo fato de ele estar sempre ocupado, de jamais ter aceitado um convite para festas ou para uma cerveja. Diz que não tem vontade de participar da celebração da formatura.

Ele está sempre tão envolvido em seus projetos que não tem tempo para mais nada! No momento, está fascinado, fazendo um estágio numa multinacional. Nos intervalos, faz tradução para ganhar um dinheiro extra. Tempo, para ele, é mercadoria em falta. Lazer, então, nem se fala. Marcelo está angustiado. Já tem 23 anos e ainda não comprou um imóvel para si próprio!

Ao falar dos projetos profissionais, ele conta que seu objetivo é ser presidente de uma empresa antes de completar 30 anos.

Fico surpresa. Parece brincadeira, mas não é. Sinto vontade de confrontá-lo, de brincar com ele perguntando o que vai fazer de si mesmo nos próximos sessenta anos.

Então, muito claramente, Marcelo me conta qual é seu principal objetivo ao fazer terapia. Ele quer que eu faça uma lista de todos os seus defeitos, para que possamos trabalhá-los e, assim, ele alcance seus objetivos. Crê que, se puder fazer tudo isso logo, "tirar os problemas da frente", vai poder juntar dinheiro e ter uma vida folgada. É isso que ele quer.

E é aí que começo a questionar a validade de tanta correria, que só lhe aumenta a solidão, deixando a porta aberta para uma cruel sensação de vazio. E é justamente isso que ele quer evitar. Só não percebe (e talvez nem tenha vivido suficientemente para se dar conta) que um caminho leva a outro, que leva a outro, e assim sucessivamente. Sem volta.

Durante um tempo, continuamos trabalhando e focalizando cada questão que o incomoda. Um dia, ele chega feliz e conta que vai trabalhar no exterior. Segundo ele, trata-se de um contrato vantajoso: em troca de seus fins de semanas e de férias, ele vai ganhar muito bem! E, embora fique sem descanso por dois anos consecutivos, terá a seu dispor todos os recursos de comunicação. Telefone, fax e e-mail à vontade! Casa e comida também não serão problema, mas ele deve providenciar um colchonete, pois às vezes terá de dormir na própria empresa!

Confesso que com esse eu me atrapalhei. Ele não parava de me espantar. Por que ele elegeu esse tipo de vida? Em que consiste seu projeto heroico? A quem ele quer (ou precisa) mostrar seus "troféus de caça"?

Agora vem o pior: eu, que considerava o comportamento de Marcelo atípico e isolado, descubro que toda uma geração está na mesma trilha. O que será que move esses jovens? Dinheiro? Status? Imagem? Fazer parte de um grupo seleto que detém para si um conjunto de informações privilegiadas?

É aqui que eu peço auxílio.

Estou diante de um problema: esse tipo de vida é radicalmente contrário a tudo que aprendi a considerar saudável no que se refere a mente e corpo. Fico perplexa, sem saber por onde começar...

Quando ouso questionar, a resposta que recebo é que o mundo está muito competitivo, e que esses empregos são cobiçadíssimos. E então os competidores olham para mim de um jeito condescendente, até com certa dose de pena. Daquele jeito que a gente olhava para a avó quando ela recomendava levar um casaquinho, porque o tempo ia mudar...

Conversando com meus botões: esses novos tempos têm me trazido a consciência da riqueza de mudanças e questionamentos. Parece que muito daquilo que eu tinha como certeza não vale para os dias de hoje. Que a verdade é transitória! Percebo um mundo em transição, que ainda não consigo nomear com clareza, tendo presente apenas a sensação da rapidez fantástica da passagem do tempo. Mas para que vocês entendam do que estou falando, deixem-me fazer um contraponto contando algumas histórias de minha geração.

Sou de uma geração que pode ser taxada de romântica, mas se insurgiu contra a ditadura do excesso de consumo, contra a rigidez de costumes, contra o autoritarismo esclerosante que aniquilava qualquer tentativa de criatividade, de experimentação – que dizer, então, de liberdade.

O refrão em voga era: "Faça amor, não faça a guerra". O corpo foi libertado de suas amarras. Tecidos feitos de plástico, roupas, sutiãs, cintas e outros arreios foram queimados em praça pública. A moda, então, estava de acordo com o fluir do corpo. A roupa era singular, colorida, ficava solta, tinha movimento, sempre convidando à dança. Hoje, apesar de tudo que se diz sobre a liberdade, vemos em todo canto pessoas uniformizadas. Todos de preto, homens e mulheres. Roupa curta bem colada no corpo amarrando os movimentos. Sapatos de plataforma, altíssimos, paraíso dos ortopedistas. E é absolutamente indispensável que tudo seja proveniente de grifes famosas.

Fomos motivados a voltar ao simples, a desejar e possuir somente aquilo que nos fosse necessário. Pensando e agindo dessa maneira havia uma atitude diferente em relação ao trabalho. Era uma época em que se podia escolher o ofício, com a condição de que este servisse para a realização pessoal. Se a nossa escolha nos levasse a ganhar menos, mas estivéssemos felizes, então nos organizávamos para gastar menos. Os critérios fundamentais eram a felicidade e a independência. Foi também nessa época que surgiu com toda força o movimento da "Nova Era", trazendo consigo um profundo respeito pela natureza – e também o retorno a ela.

Hoje, o ideal de integração com a natureza, respeitando-a e com ela aprendendo a levar a vida de maneira mais rica e espontânea, que abra espaço para a criação, está sendo esquecida e desvalorizada. As motivações financeiras constituem o argumento mais forte em todas as decisões.

Acreditávamos que a mudança social, a grande revolução proposta, se iniciava pela busca individual da própria alma. O grande heroísmo consistia no contato vibrante com a realidade pessoal para depois, aos poucos, ir se ampliando. Por essa via chegaríamos ao social.

Ser terapeuta era cuidar para que nada interrompesse tal busca. Era interromper a interrupção. Era cuidar do campo terapêutico para que o cliente pudesse dar seu mergulho em direção ao autoconhecimento.

Hoje são raras as pessoas com capacidade de se voltar para dentro de si, levantando os próprios recursos ou significados para a vida. Os clientes que nos chegam vêm sofridos, sem saber o que estão buscando. Precisam começar do começo. Aprendendo a ver, ouvir e saborear aquilo que está bem diante de si e descobrindo seus recursos. Buscando força para o enfrentamento perplexo de um mundo em que não existem parâmetros estáveis e claros quanto aos rumos a ser tomados. A estabilidade é malvista. Remete a alguém acomodado, que não tem agressividade para ir ao mundo, para experimentar diversas possibilidades. Mesmo quando parece que temos alguma bússola, é frequente sentir a falta de chão debaixo de nossos pés...

Havia a crença de que, com foco, intenção e determinação, seríamos capazes de construir a nós mesmos, a caminho de uma evolução pessoal. Aquietando todos os ruídos, num momento de paz, apareciam símbolos, imagens, que funcionavam como entradas para uma energia especial, que habitava um espaço além de nós mesmos. No território do sagrado.

Hoje, os paradigmas que surgem são cambiantes. Em outros tempos, a dedicação a uma causa, a um estudo ou a uma profissão era um critério básico para o sucesso pessoal e profissional. O que se busca hoje é o exercício de certa "esperteza" que corta atalhos. Acontece uma dessacralização de tudo que a nossa geração julga ou julgou serem valores incontestáveis.

O nosso espelho eram olhos amigos e amorosos em que cada pessoa podia se ver confirmada e aprovada em sua singularidade, sentindo-se tão mais perfeita quanto mais parecida consigo mesma.

Atualmente, consegue ser valorizado aquele que se mostra sempre de modo extrovertido, que a todo o momento está vendendo a própria imagem, empurrada pela propaganda – que, nós bem o sabemos, vende quimeras, não produtos. Que tem múltiplas atribuições, fazendo do seu dia uma correria desabalada, mostrando-se capaz de "surfar" acima de todas as ondas sem se deixar comprometer com nada. Se existem duas palavras temidas e banidas hoje na nossa sociedade são estas: "compromisso" e "intimidade".

Naqueles tempos, a ideologia valorizava o compromisso e intimidade. A possibilidade de compartilhar momentos de vida muitas vezes tornava o fardo, a dor e o desencanto mais leves, pois eles eram divididos com pessoas amigas. Estas, muitas vezes, não tinham nenhuma ideia do que fazer para ajudar, mas ficavam presentes. O fundamental era a presença.

Tudo hoje ocorre numa rapidez estonteante e de maneira muito intensa, sem tempo de preparação ou reflexão, sem que se possa escolher, discriminar aquilo que é nutritivo daquilo que é tóxico.

Acontecimentos importantes e rituais básicos são esquecidos e desconsiderados; banalizam-se relações e realizações sempre em busca do próximo evento, daquilo que ainda está por vir. Não pela existência de algum projeto consistente, mas, infelizmente, pelo consumo do "novo". A ênfase no aqui e agora é confundida pela apreensão daquilo que é imediato, do já.

Lembro-me da época em que se estranhava a inclusão de trabalhos corporais – como *tai chi*, ioga, massagem, dança –, de meditação, de princípios de nutrição e de psicoterapia transpessoal na formação do terapeuta. Cuidava-se do todo. Surgiu com força uma nova tendência a ficar atento aos nossos alimentos.

Hoje, parece que nada alimenta essa geração que não foi treinada a discriminar e a se alimentar daquilo que o corpo pede. E haja anabolizantes para aumentar a massa muscular, laxativos e diuréticos para manter o peso artificialmente.

Aquela foi uma era plena de rituais, que serviam para sublinhar, em letras coloridas, passagens importantes da vida. Assim como a natureza tinha suas estações. Para prestar atenção e guardar no peito os instantes que serviriam de inspiração em momentos menos afortunados.

Nem o ritual diário da refeição familiar em conjunto, momento em que eram compartilhadas e valorizadas as vivências do dia, em que se trocavam histórias, dando colorido aos acontecimentos, foi mantido. Esse novo jeito de viver não permite que se teçam relações, impede que o grupo familiar seja introduzido num enredo que vai se tornando importante porque compartilhado. Dessa maneira, as relações esfriam, viram cinza. O contato com os "pioneiros" da família, nome mais correto para os membros mais velhos, se outrora era excessivo, levando algumas vezes a uma rigidez de hábitos e costumes, hoje é inexistente. O espaço da refeição conjunta foi tomado por uma série de refeições individuais, mal aquecidas num micro-ondas, enquanto se assiste à televisão.

Naqueles tempos, todos os membros da família eram valorizados. Cada geração tinha a sua função. Desde o pequenininho até o mais velho. Porque a noção de processo, do todo, de polaridade, do grupo total, do clã, dava a cada um o precioso sentido de segurança e pertinência.

Do jeito que estamos vivendo, em que tudo e todos são descartáveis, o campo está fértil para que se instale uma enorme solidão. E a TV existe para reduzir o nível de estimulação ao mínimo, para que o sono venha logo, porque amanhã toda a correria se reinicia.

É importante fazer muitas coisas ao mesmo tempo. É assim que se demonstra a competência. Existe uma triste confusão entre estar feliz e ser maníaco. Fazer pouco transmite a impressão de deserto, de paradeira. E, quando estamos exaustos de tanto correr com a cabeça e com o coração, relaxamos saindo para correr de verdade em algum percurso bem difícil e acidentado, de preferência.

Houve um tempo em que o que buscávamos era um corpo funcional, elástico, bonito em sua fluidez, coerente com a etapa de vida da pessoa; até mesmo se valorizavam as marcas que contavam histórias. Hoje, o lema "no pain, no gain" é tomado literalmente. Ao frequentar academias, o que vejo é um bando de gente "puxando ferro". E me lembro de filmes antigos, em que, sob a lei da chibata, escravos transportavam enormes blocos de pedra para a construção de pirâmides. O que me dói atualmente é perceber que a chibata está dentro das pessoas! As academias de "saúde" ensinam que o corpo tem de caber num molde estipulado pelos donos da moda, em geral pessoas que odeiam o ser humano. E dá-lhe pancada, e dá-lhe mais peso, mais força... E, se o corpo não atender ao treino, sempre existem fórmulas mágicas que prometem um lugar no Olimpo dos que conseguem caber naquilo que se chama modernidade...

É com espanto que percebo que a nova geração não teve a possibilidade de conhecer o sonho que nos embalou por algum tempo, quando julgamos ser possível, com muita persistência, negociar com a potente capacidade construtiva e também destrutiva que reside em nós.

Sou tomada de perplexidade e rebeldia quando observo esse estado de coisas. Sinto vontade de levantar a voz em protesto e ir remando contra esse fluxo. E, subversivamente, convidar as pessoas ao redor a recuperar suas histórias, com atenção e dedicação, construindo o próprio tempo. Fico me indagando como ser moderna e atual com simplicidade, sem ter de renunciar aos anseios e sonhos, tendo espaço para conviver.

Como ser coerente conosco sem desrespeitar o que importa em termos humanos? Como tecer uma rede afetiva que garanta um espelho nítido no qual cada um possa se ver como digno de ser amado, perfeito e singular? Como transmitir a noção de tempo onde existe a possibilidade do ensaio, da escolha, do aprendizado? Onde não é preciso lidar o tempo todo com interrupções, estilhaços e delírios?

Então, insistentemente convido-os a vir comigo e, seguindo a antiga tradição, buscar a quietude, dando espaço para o mergulho e a consulta à biblioteca interna – aquela que fica guardada no fundo do coração e, embora só seja visitada em situações de crise, lá está, esperando com a porta entreaberta.

Vamos lá?

VOLTANDO NO TEMPO

Pode parecer paradoxal, mas o caminho para chegar ao *si mesmo* passa pelo diálogo com *o outro*. É nesse contato, nessa relação, que aquilo que é genuinamente nosso surge com clareza, por contraste, oposição ou espelhamento. Reconhecemos que uma das tensões fundamentais da existência humana é aquela que nasce da relação com os outros e com nossa individualidade. A nossa qualidade de vida depende em grande parte da maneira pela qual resolvemos essa tensão.

A psicoterapia é uma abordagem na qual o diálogo ocupa lugar central. Define-se por uma atitude em relação à existência humana em geral. No núcleo dessa abordagem está a crença de que a base da nossa existência é relacional e dialógica por natureza. Essa maneira de trabalhar tenta descaracterizar a postura de autoridade do terapeuta que "sabe" sobre a pessoa. Só é possível ter acesso a essa pessoa observando seu comportamento e ouvindo suas emoções e seus relatos experienciais.

Ao contrário do que muitos possam pensar, há um objetivo para a terapia. Então, o terapeuta tem de assumir o papel de agente de mudança, que visa auxiliar o cliente a atingir um objetivo ideal, que não sabemos qual é. Nessa terapia, pensa-se que a mudança ocorre primariamente por meio do conhecimento e da aceitação daquilo que se é, e que é próprio da pessoa – ou, ainda, pela percepção clara de quem somos e como somos. Segundo Beisser[1], "a mudança ocorre quando a pessoa se torna o que ela é, não quando tenta ser o que não é". A terapia não tem uma chave ou um propósito, ela procura encontrar um núcleo central do ser da pessoa. No entanto, em oposição a essa postura, há terapias em que existe um objetivo extrínseco ao cliente, de tal sorte que ele chega a ser considerado inadequado ou mesmo a ter comportamentos doentios.

Ao investir no que se é, ao explorar a realidade do seu modo de ser no mundo, a pessoa tem suporte e centralização suficientes para crescer por intermédio de *awareness* e de escolha. A *awareness* se desenvolve pela experimentação e pelo contato baseados em querer saber qual é a necessidade presente. Precisa haver disposição de ficar em contato com o conflito e com a dúvida que acompanham a busca daquilo que se é. Também é necessária a disponibilidade de achar ou criar novas soluções.

Segundo Perls, "o homem se transcende somente através da sua verdadeira natureza, não através de ambição e de objetivos artificiais".

A terapia focaliza o "entre" que se coloca no sistema terapeuta-cliente. Essa realidade é maior do que a soma de seus membros individuais. Requer uma presença consistente e aberta, com pouco ou nenhum objetivo autocentrado; requer uma atitude de apreciar as qualidades totais e únicas da pessoa que está diante de nós, além da valorização do fato de estar em relação com ela.

Paradoxalmente, pressupõe que a singularidade verdadeira surja de relações genuínas com os outros e com o mundo. A individualidade é somente um dos polos de uma alternância rítmica entre separação e relação.

Gostaria de comentar os caminhos que trilhei para chegar ao ponto onde estou hoje, buscando dar substrato à arte de ser terapeuta. Tenho quase quarenta anos de profissão. Fiz muitos grupos,

---

1. BEISSER, Arnold R. "A teoria paradoxal de mudança". In: FAGAN, Joen; SHEPHERD, Irma Lee. *Gestalt-terapia – Teoria, técnicas e aplicações*. Rio de Janeiro: Zahar, 1977.

workshops, atendi a centenas de clientes, participei de inúmeros processos de vida. O encanto da relação, do encontro, do *fazer*, sempre ocupou espaço privilegiado na administração do meu tempo.

Hoje eu tendo a olhar para trás, lembrar e sentir, tanto por necessidade de elucidar esses processos com clientes, alunos e supervisionandos, como por uma tendência natural desta fase da minha vida. Busco *compreender*, dando um sentido ao meu ofício terapêutico e colocando-o numa perspectiva mais ampla, estabelecendo inter-relações mais abrangentes.

Quando tenho de nomear o que faço profissionalmente, digo que sou basicamente psicoterapeuta. O meu campo é o da prática clínica. Hoje sou capaz de dar crédito a muitas pessoas que deixaram fortes marcas em meu trabalho. A primeira pessoa a citar, ainda hoje, como toda boa filha, é minha mãe, profundamente intuitiva, espiritualizada, que me pôs logo cedo em contato com a transcendência, com uma visão de mundo que durante muito tempo eu não entendi.

Fui, então, estudar psicologia, "para estudar de verdade essa coisa que é o viver". Para, anos depois, reconhecer que a profissão tem uma sabedoria natural. Nem um pouco parecida com o que diziam os textos estudados na universidade.

Fui muito influenciada por alguns terapeutas. Entre eles posso citar Efraim Boccalandro, pessoa absolutamente generosa, que dividia seu trabalho, seus questionamentos e suas leituras com os graduandos em psicologia da PUC-SP empanzinados de tanta metodologia científica e de brigas para "demonstrar que a psicologia não tinha nada a ver com a filosofia". Boccalandro foi o primeiro a revelar seu modo de trabalhar numa abordagem rogeriana, no início dos anos 1960, numa época ainda tão pobre de perspectivas terapêuticas em nosso meio.

O grande espanto veio dez anos depois de formada. Trabalhando com a abordagem rogeriana, fiz parte de um *workshop* com Robert L. Martin, terapeuta do Instituto de Gestalt de Los Angeles. Ele era a própria imagem da liberdade ao trabalhar. Valia-se de recursos verbais e não verbais, como dança, movimento, brincadeiras, mímica, desenho etc. Cada pedaço de trabalho parecia uma obra de arte! Martin, para mal de meus pecados, vinha falar de espiritualidade e transcendência! Naqueles momentos, eu podia ouvir a voz de minha mãe, só que agora era bem mais fácil ouvi-la. (Claro!)

Essa experiência e os diversos anos de treinamento em Gestalt-terapia me mostraram ser possível desenvolver um estilo único, singular, por meio do qual cada terapeuta podia exercer seu talento, fugindo de qualquer camisa de força imposta por regras de alguma instituição. Devo enfatizar que isso não significava uma panaceia em que tudo era possível, mas, ao propor um experimento ao cliente, sempre com o objetivo de ampliar sua *awareness*, era preciso manter uma coerência com princípios básicos que norteiam a abordagem.

Cito agora alguns autores que me influenciaram muito: Laura Perls (apesar de ter escrito pouco); Martin Buber; Gary Yontef; Joseph Zinker (que faz de seu trabalho uma obra de alta sensibilidade artística); Richard Hycner (que teve a coragem, em parceria com Lynne Jacobs, de reintroduzir e clarear as ideias de Buber com sua filosofia do diálogo); e Erv Polster (que retomou a possibilidade de contar histórias em terapia quando isso era considerado heresia nos meios gestálticos).

Encontrei suporte também em romancistas. No romance *A ilha*, Aldous Huxley já apresentava os princípios básicos da Gestalt posta em ação.

Também aprendi muito com Hermann Hesse, em *Demian*, que colocou tão primorosamente em palavras a sua ideologia: "Cada homem não é apenas ele mesmo, é também um ponto único, singularíssimo, sempre importante e peculiar, no qual os fenômenos do mundo se cruzam daquela forma uma vez só e nunca mais. Assim, a história de cada homem é essencial, eterna e divina, e cada homem, ao viver em alguma parte e prestes a cumprir os ditames da Natureza, é algo maravilhoso e digno de toda a atenção".

Vejamos a sabedoria de Buber[2]: "Caminho numa vereda estreita cheia de pedras, entre os precipícios onde não há a segurança de um conhecimento exprimível, mas somente a certeza de encontrar aquilo que permanece velado".

"Caminhar numa vereda estreita" significa que o terapeuta não tem nenhuma certeza pressuposta. Alguns pressupostos teóricos são somente a porta de entrada e nunca substituem o encontro. Há desafios contínuos que nos colocamos, tais como estar presentes ao processo e não ficar presos ao abismo em si.

De que forma utilizar a segurança da teoria e, ao mesmo tempo, não usá-la como *defesa* contra o desconhecido? Como responder à singularidade apreciando, ao mesmo tempo, o nosso chão humano comum?

Se estiver em diálogo com a gama total das possibilidades humanas, o terapeuta é encorajado a se deixar envolver numa tarefa verdadeiramente paradoxal – na qual há pouca segurança e apenas a certeza de se encontrar com o desconhecido, o singular, o nunca antes experienciado.

Quando um cliente nos procura e expõe sua ferida, percebemos que em algum ponto da vida ele foi afastado da "confiança básica" obtida da confirmação que o mundo dá ao seu empenho em se desenvolver como ser humano. Ou, então, o cliente nunca construiu tal confiança. Em ambos os casos, não desenvolveu sua possibilidade de dialogar.

A desesperada necessidade de confirmação faz que muitas vezes desenvolvamos *falsos "selves"* (*self* é a noção de si mesmo). Se a confirmação não acontece quando somos aquilo que somos, tentamos ser confirmados sendo aquilo que pensamos que alguém quer que sejamos. Isso constitui uma armadilha, pois em nível profundo sabemos que não se trata de uma confirmação verdadeira.

O profundo reconhecimento existencial se inicia com o assumir da própria singularidade. Confirmar o outro significa um esforço ativo de voltar-se para ele, afirmando sua existência singular e,

---

2. BUBER, Martin. *Eu e tu*. São Paulo: Centauro, 2001.

ao mesmo tempo, reconhecendo o vínculo comum que ela tem com os outros seres humanos.

Ainda citando Buber: "A realidade decisiva é o terapeuta, não os métodos. Sem métodos, se é um diletante. Sou a favor de métodos, mas para serem usados, não para se acreditar neles. Embora nenhum terapeuta trabalhe sem uma tipologia, ele sabe que no momento a incomparável pessoa do cliente está diante da incomparável pessoa do terapeuta; este joga fora sua tipologia e aceita a imprevisibilidade que ocorre entre eles".

Ou seja, aprender muito bem todos os pressupostos, as técnicas, as teorias, mas, no momento do encontro, depositá-los ao seu lado, no chão, e enfrentar a situação desarmado.

Costumo dizer que é sempre bom ter uma espada para momentos em que precisamos nos defender, mas na maior parte dos desafios ela pode jazer lá, quieta, em sua bainha.

Como diz Laura Perls[3]: "Um Gestalt-terapeuta não usa técnicas; ele se usa na situação com sua habilidade profissional e experiência de vida que acumulou e integrou. Existem tantos estilos quantos terapeutas e clientes, que se descobrem a si e ao outro e juntos inventam a sua relação".

É esse "inventar a relação" que constitui a arte do terapeuta: envolve sempre a busca daquilo que é genuíno em si mesmo, fazendo também a garimpagem daquilo que é genuíno no outro. A partir dessa procura, é mais provável que ocorra o encontro, ou vários encontros. Então saímos para uma relação de mutualidade, que é restauradora e curativa em si.

Meus agradecimentos e reverências especiais a: Aldous Huxley; Arnold Beisser; Efraim Boccalandro; Erving Polster; Fritz Perls; Gary Yontef; Hermann Hesse; Joseph Zinker; Laura Perls; Lynne Jacobs; Martin Buber; Richard Hycner e Zaíra T. Clark.

---

3. WYSONG, Joe (org.). *Living at the boundary – Collected works of Laura Perls*. Nova York: The Gestalt Journal Press, 1992.

E a todas as pessoas que passaram por mim – como clientes, amigos ou conhecidos. Todas elas são seres humanos com quem aprendi muito da vida.

PSICOTERAPIA: MEMÓRIA E TEMPO

> "A vida não é a que a gente viveu, e sim a que a gente recorda, e como se recorda para contá-la."
>
> Gabriel García Márquez

Às vezes fico tentando encontrar um sentido para a passagem do tempo. Sinto que ele voa. Recentemente fiz 60 anos. Esse número me deixa perplexa, pois era próprio de mãe, tias e suas amigas. E agora sou eu que chego até aqui. Pensando com meus botões, posso dizer que sei bastante de mim nesta passagem. Mas onde ficaram os outros anos, digamos, os 40? E a memória dos acontecimentos e vivências desse período?

As lembranças ocorrem em grandes pinceladas de cor que acompanham o tom do vivido. Como imaginar a passagem do tempo? Como uma linha reta? Um círculo? Uma espiral? Como um processo contínuo? Qual será o ponto zero? Como um todo constituído de pedacinhos?

Com a idade vão acontecendo mudanças na nossa percepção de mundo, que se torna muito mais abrangente. É como se nos afastássemos de um núcleo para ter uma perspectiva melhor. E assim o todo fica mais complexo.

As diversas fases de nossa existência – infância, adolescência, vida adulta, maturidade – e a preocupação com a chegada da velhice ficam deslizando dentro de nós, pra lá e pra cá, sem nenhuma sequência, como se tivéssemos aberto uma torneira de imagens, conectadas a um eixo bem lubrificado e móvel.

Voltando no tempo, as coisas que víamos em detalhe, que grudavam em nós e às vezes nos faziam sofrer tanto, hoje podem ser vistas numa perspectiva pequena e discreta. Por exemplo: vamos pensar em paixão e em entusiasmo, que já foram a base de nossa vida. Hoje tenho a sensação de que tudo é muito mais estável, trazendo consigo uma tranquilidade desconhecida até então. Mas confesso que às vezes sinto um pouco de saudade desse tipo de "tempero" que a vida nos proporcionava.

Voltando a um tempo mais antigo, na adolescência, que leitores não se lembram da tragédia de uma espinha no rosto, justamente naquele dia da festa tão aguardada? Ou, jovens adultas, do desespero de sentir aquele vestido tão querido e provocante ficar apertado e só descobrir essa desgraça na hora de sair? E aí nos damos conta de que vamos ter de renunciar à festa ou ao vestido.

Vou contar algumas vivências de ir e vir no tempo. Acompanhem-me. Quem sabe encontramos uma sintonia nas nossas experiências?

Comecemos pela memória. Algumas vezes nos faltam palavras. Depois, nomes. Esquecemos com facilidade algo que tenha ocorrido ontem. O rosto de uma pessoa é inesquecível, mas e o nome dela? A que grupo pertence? De onde vem? Resta-nos apenas um discreto aroma daquele indivíduo que passou por nossa vida.

Um segredo: se não forçarmos a lembrança, o que procuramos subitamente salta à nossa frente. E de repente, do nada, vêm à tona imagens nítidas, pedaços de vida.

Não sei onde todo esse material fica armazenado, mas às vezes parece se alojar no corpo. Cada um tem uma habilidade perceptual diferente. Alguns são mais visuais, outros, auditivos, proprioceptivos, tácteis, olfativos.

Lembrei-me de uma experiência sensorial que guardei com muito carinho. Minha avó era irlandesa, ruiva, de olhos azuis e tinha um baú de histórias para contar. Ela morava numa ilha no Mar da Irlanda. Se me lembro bem, a ilha era agreste, com uma vegetação em tons de roxo e lilás, com capim alto e verde bem denso. O espaço era grande e as casas, pequenas, de telhado baixo, eram separadas por muros feitos de pedras bem rústicas empilhadas. Nada de cimento. Tive o privilégio de passar algumas férias nesse local. Lá eu me sentia tão livre! Eu podia ir e vir de acordo com a minha vontade. Aprendi a andar de bicicleta. Caminhava muito, apreciando a paisagem. Subia morros, depois passava por dentro de um parque onde adorava ficar no balanço, pra lá e pra cá, olhando o horizonte. O mar – com ondas altas, batendo contra os rochedos – era um espetáculo fantástico. Depois de certo tempo, ao entardecer, o vento ficava frio e era hora de voltar para a casa da minha avó. Ela nos esperava com uma sopa quentinha e pão caseiro. Uma delícia!

Mas, como sempre, as férias passavam rápido e dali a pouco estávamos de volta ao Brasil. Em mim ficava um gosto de quero mais, a ilha, a avó, minha tia, gordinha e muito engraçada, que adorava crianças e não hesitava em brincar ou jogar uma centena de joguinhos conosco. Enfermeira do sistema público de saúde, levava-nos com ela para cuidar dos bebês que mensalmente atendia. O que nem seria necessário, pois eram todos fortes e corados, cheios de energia.

O tempo passou, tornei-me adulta, me formei, casei-me e só pude retornar à ilha trinta anos depois da última viagem. Eu sonhava em retornar com meu marido e meus filhos. Queria saber se eles também se encantariam com aquela ilha que me era tão querida. Quando pude fazê-lo foi muito emocionante.

O tempo passou, e não só para mim. Foi pena saber que todos os meus familiares queridos que tinham vivido lá já haviam falecido. Eu estava um pouco pensativa, um tanto triste com isso, quando entramos no Bradda Glen, meu parque tão conhecido – onde encontrei o meu balanço. Ao lado dele, arbustos de fúcsia (também conhecido como brincos-de-princesa) carregados de flores perfumadas. Junto com o aroma, imagens e mais imagens brotavam, nítidas e fortes. Foi como se eu estivesse assistindo a um filme muito benfeito, que contava cenas da minha história.

Tendo mantido a capacidade de buscar imagens para me fazer companhia, comecei a brincar de rastrear as que se desdobravam em histórias.

Eu gostava de estar em casa, principalmente quando chovia forte. Meu lugar predileto era a varanda.

Lembro-me de conversas e invenções gostosas que tivemos quando éramos crianças. Em geral chovia nas férias, e, para ter o que fazer, ficávamos na janela, olhando os transeuntes. Achando divertido fazer uma frota de barquinhos de papel, ver a pressa dos adultos, a luta com seus guarda-chuvas que teimavam em virar do avesso, os carros que passavam espirrando água suja em todos. Certa vez a brincadeira atingiu aquela moça que era nossa amiga. Justamente nela! De lá podíamos vê-la atravessar a praça na maior pressa, vestida com uma roupa especialmente escolhida. Podíamos adivinhar que ia se encontrar com aquele rapaz que estava chegando da cidade grande. Tantos sonhos.

Dizem que o fenômeno da memória tem uma justificativa. A memória recente fica mais apagada justamente para abrir espaço para a memória antiga. E cada um de nós, mais velhos, é testemunha de um tempo em que o mundo e a vida eram bem diferentes. O ritmo era outro. E que precisamos nos imbuir da tarefa de contar para os mais jovens que a vida pode ser vivida de forma bem diversa daquela de hoje, que não nos permite sonhar ou soltar a imaginação.

Eu gosto de pensar nessa hipótese. E vocês?

A idade nos liberta, não é curioso? O compromisso de fazer tudo certo, na maior correção, se desvanece. E, nesse vaivém das cenas que a memória nos traz, como é enriquecedora a liberdade de virarmos o conhecido de ponta-cabeça, experimentando jeitos e hábitos novos. Afinal, não temos nada a perder.

Tenho colecionado imagens, cenas, lembranças, fotografias, daquelas antigas, colocadas em porta-retratos de madeira. Elas me trazem muitas histórias para contar. Nessas histórias entram também novos personagens, que surgem de uma nova composição que construímos com pedaços de memória. A comparação com a confecção das colchas de retalhos é inevitável.

Lembro-me de uma época em que os adultos se sentavam na sala de visitas para conversar. Eu ficava muito aborrecida porque sempre que a conversa ia ficando interessante nos mandavam ir brincar lá fora. Além de nossas histórias, havia as de pessoas próximas – de pais, avós, tios, parentes, imigrantes, empregados, de animais de estimação, do sapateiro que morava na esquina e de outras tantas pessoas. Recordo do marceneiro, sempre construindo peças de arte com tocos de madeira encontrados na praia, mas que, quando requisitado a fazer uma nova mobília, por exemplo, um berço, tinha o hábito de se esquecer do tempo e se botava a tocar violão e a cantar.

É um alivio enxergar mais amplamente, ver de modo abrangente. É ótimo perceber a possibilidade de se descolar de um círculo vicioso, aquele de ficar batendo sempre na mesma tecla.

Estou querendo enfatizar a importância de considerar o contexto em que se está vivendo, trabalhando. Ver o mundo de maneira ampliada, maleável, sem se sentir aprisionado.

Quando um cliente relata qualquer fato, procuro sempre usar o recurso de amplificar a sua fala.

Gosto de perguntar: "E, nessa situação, que outras coisas estavam ocorrendo? Naquela época em que você viveu isso? E hoje, como você sente essa situação? E se fosse uma criança de 5 anos contando essa história, como ficaria?"

O relato fica sempre mais rico e, principalmente, mais maleável. O contexto torna o fato relativo. Até as situações mais dramáticas ficam mais amenas.

Em quantas encrencas nos metemos por não levar o contexto em consideração, por falar de um determinado ponto de vista muito pessoal enquanto a outra pessoa argumenta com base em um referencial totalmente diferente? Em quantos conflitos ficamos enredados por achar que estamos falando a mesma língua? Nas tentativas de comunicação masculina e feminina, então...

Falando de contextos e linguagens, vamos caminhar um pouco por esses territórios tão comuns na nossa profissão – cuja tarefa principal é desembaraçar, e se possível traduzir, os vários idiomas que se apresentam a nós.

Quando mais jovem, eu achava que sabia tanta coisa! Hoje, uso com frequência a minha capacidade de dar tempo ao tempo e de esperar. Curiosamente, ao agir assim, abrindo tempo e espaço de forma concomitante, tornei-me mais eficiente.

O encontro surge de um contato quieto, concentrado, atento e ao mesmo tempo curioso. O próprio fato de sermos ouvidos com atenção, sendo validados em nossas questões, já cria uma sensação de segurança.

Outra manifestação da idade madura é me dar conta de que preciso estar próxima de amigos queridos para garantir que sou amada e que minha presença no mundo faz diferença. Preciso também que eles leiam meus textos (com bons olhos e muita paciência) antes que estes cheguem ao público. E que auxiliem quando fico enredada em situações profissionais e familiares. A presença desses amigos na minha vida é uma preciosidade.

Remeto-me a um tempo em que (ai, que arrepio!) eu achava que daria conta de tudo e de todos. Era o "deixe comigo", conhecem?

Hoje, se eu mudei, mudou também a minha relação com meus clientes. Abro muito mais espaço para eles. E fico curiosa para ver qual será sua maneira de lidar com o seu tema. Por incrível que pareça, mesmo em situações insólitas, em geral eles trazem consigo uma sabedoria inata e sabem aonde estão indo. E, quando nenhum de nós sabe, muitas vezes nos damos um tempo e ficamos perdidos juntos. Até que se delineie um caminho.

Tenho muito respeito por suas crenças. Quando eles me perguntam se devem tomar aquele chazinho de ervas, se os florais funcionam, se vale a consulta ao pai de santo ou ao psiquiatra para ganhar um remédio, se a oração ajuda a acalmar a alma, digo – na maior confiança – que sim, e ainda peço orientação para aprender aquela forma terapêutica! Não se trata de manipulação. É que outrora eu achava que só o estudo da psicologia bastava. Hoje penso que podemos nos beneficiar de quaisquer outras tentativas, mesmo que nos pareçam bizarras.

Alguns clientes têm uma dificuldade enorme de saber o que lhes faz bem ou o que lhes faz mal. De um jeito próprio, é claro. O problema reside na escolha do caminho. Alguns gostam de sofrer. Outros têm tanto medo de sofrer que acabam sofrendo por medo de sofrer. Pode?

Vocês vão achar muito esquisito o que vou dizer agora: nós levamos todos esses anos aprendendo o nosso ofício e, quanto mais a gente aprende, maior parece o vazio daquilo que nos falta saber.

Alguns clientes, e a própria vida, se tornam cada vez mais competentes em nos provar que não sabemos nada a respeito deles, nem de terapia. Desfiam sem piedade tudo aquilo de que não damos conta. Por isso é muito importante que a nossa autoestima seja alta. Se nos sentirmos ameaçados, podemos reagir inadequadamente, esquecendo que o cliente age assim por não saber fazê-lo de outra forma.

Desconfio que alguns clientes, não todos, fazem escola de demolir terapeutas, porque em última instância o que eles querem é permanecer do jeitinho que estão. Que dói, mas é conhecido e confortável.

Voltemos a falar do tempo.

O passado é um conjunto de histórias – às vezes de origem muito dolorosa – que se juntam numa tapeçaria rica em cores e padrões. E como é difícil trazê-las à consciência e aos poucos restaurá-las, formando um novo conjunto...

Hoje estou aprendendo a esvaziar a mente, focalizando um determinado ponto e retirando tudo que é desnecessário. Tendo a calma suficiente de ir limpando devagar resíduos que insistem em me ferir.

Voltemos à estrada.

Quando um cliente me procura – geralmente no auge da crise –, está pedindo para ser cuidado. Ele só pode exprimir duas coisas: a dor que sente e a sua falta de rumo.

No início do processo, com muito cuidado, conversamos, buscamos histórias, situações, rastreamos emoções, procuramos machucaduras que não receberam nem um curativo. Devagar, circunscrevemos a parte dolorida. Rodeando, lembrando, trocando curativos, questionando. Assim, a conversa flui e o diálogo acontece. Parecemos estar progredindo rapidamente.

Mas é nesse recanto tranquilo que nos damos conta (novamente!) de que a dor, o sintoma, a queixa, serve a algum propósito essencial na vida do paciente. E que vai levar muito tempo para que ele se sinta livre para abrir mão de seus machucados.

Nesse momento percebemos que o trabalho vai ser difícil e longo, e que a psicoterapia não deixa de ser uma luta, na qual cada um traz sua crença a respeito do que acha que é viver bem, do que é felicidade.

Muitas vezes, terapeuta e cliente se engajam num embate, cada um defendendo seu território. Cada um usando sua esperteza para neutralizar o outro. O primeiro talvez esteja querendo priorizar a saúde mental, enquanto o segundo talvez ache que precisa lutar para proteger sua integridade.

E fazem muita força. Não é paradoxal?

Primeiros embates

Vou agora apresentar situações que configuram exemplos de luta. Ao longo de tantos anos trabalhei seriamente e vivi situações curiosas e emocionantes, outras amedrontadoras ou engraçadas.

Recebo um telefonema de uma pessoa que se expressa muito bem, pedindo para marcarmos uma hora. Ela comparece à entrevista pontualmente. Vejo que se trata de uma mulher altiva, bonita, bem morena. Ela está à vontade comigo e começa a fazer perguntas a meu respeito, se sou casada, se tenho filhos, onde estudei, onde fiz meu treinamento clínico. Sinto certa perplexidade misturada com curiosidade. Digo a mim mesma, inocentemente, que ela, por algum motivo, precisa se assegurar bem do chão onde está pisando. Seu comportamento sugere uma tendência a controlar. Ao mesmo tempo, por algum motivo, estranho o seu comportamento. Difícil lidar com sua queixa, algo não combina. Quando isso acontece em outros contextos, procuro ficar serena até o ponto em que tenha uma visão completa do todo.

Em geral, na primeira entrevista, dou a maior abertura possível para que o cliente tenha oportunidade de se colocar. Uso o meu espaço nos últimos minutos da sessão, quando negociamos o contrato, comentamos a forma de trabalhar, tratamos dos honorários, das férias e do horário das sessões.

Nesse momento, ela sorri matreira, dizendo que veio me sondar para saber se eu seria uma profissional adequada para atender o marido dela – e que eu havia passado na sua avaliação.

Diante daquilo, tive várias reações, algumas paradoxais; achei graça do estratagema, em seguida me senti enganada e invadida; mas depois considerei a artimanha inteligente e fiquei curiosa em entrevistar o marido dela.

Hoje sei que, se naquela situação eu tivesse levado a sério o estratagema da mulher e fizesse altos discursos a respeito de manipulação e controle, teria perdido a possibilidade de conhecer uma pessoa especial, que leva muito a sério o seu trabalho terapêutico.

O caso da moça que não conseguia chorar

Luciana, 45 anos, diz que não sabe ao certo por que veio me procurar. Ela transmite a imagem de insensível. Conta que não se lembra de ter chorado na vida. Mas fora me procurar porque recentemente ocorrera algo memorável. Tinha acabado de chegar da Índia, aonde fizera uma longa viagem com um grupo de amigas, em busca de alguma "revelação". Ela dizia estar muito interessada em visitar alguns *ashrams* (mosteiros) para conhecer homens santos.

Quem sabe eles lhe dariam uma pista a respeito do que devia fazer da sua vida, tão sem sentido.

Ao chegar à Índia, instalou-se num hotel bem caro. A janela do seu quarto dava para a rua. Ao observar a pobreza e a miséria ao seu redor, ao ver tanta miséria, tanta doença, destrancou sua sensibilidade e então se pôs a chorar muito, o que já sabemos que não era comum. Ela conta que chorou convulsivamente por seis horas seguidas. Logo ela, que se dizia invulnerável e tinha fama de insensível.

E foi assim que ela chegou até o meu consultório. Altiva, dando ordens, querendo invadir minha agenda e até me dizer como eu deveria realizar meu trabalho. E alegava não entender como sua "rinite alérgica" tinha piorado tanto (não se dando conta de que estava chorando...)

Com essas informações, começo a procurar suas áreas mais emocionadas. Ela não consegue se revelar. Só quer falar de assuntos cotidianos.

Pergunto-lhe se gosta de música, pois tem uma voz interessante. Imagino que ela tenha mais facilidade em expressar imagens auditivas. Ela diz que gosta de música e que uma tem estado constantemente em sua cabeça: "Disparada", de Geraldo Vandré e Theo de Barrados, maravilhosamente interpretada por Jair Rodrigues.

Os trechos mais marcantes da música dizem: "Prepare seu coração / Pras coisas que eu vou contar / Eu venho lá do sertão / [...] E posso não lhe agradar / [...] Aprendi a dizer não, ver a morte sem chorar [...] / A morte, o destino, tudo / Estava fora de lugar / Eu vivo pra consertar". Sugestivo, não?

A metáfora trazia elementos dos quais ela não se dava conta. Apesar de tudo, da leviandade com que levava a vida, o caso é que sob todas essas capas havia uma criança solitária e carente.

E lá estávamos nós duas, procurando a porta de entrada para um lugar mais delicado no seu psiquismo, cada uma utilizando seus talentos para fazer contato. E a luta se instalando. Uma puxa daqui, outra puxa de lá.

Quando pergunto se ela sonha, se fantasia, se tem facilidade de fazer relaxamento, ela responde que não. Devo ter feito uma expressão de desalento. Ela se mobilizou e procurou achar uma brecha. Foi aí que me contou que ela não sonhava nunca, mas que seu motorista sonhava muito e todas as manhãs lhe contava algum sonho. Penso comigo mesma: "Isso está lembrando a Sherazade e *As mil e uma noites*...", e resolvo pedir que ela me conte os sonhos de seu motorista, que eram muito cheios de detalhes. Era melhor do que nada!

A cliente começa a trabalhar com os sonhos, identificando-se com eles. Parecia fácil, como o material não era dela não havia o temor de que descobríssemos algo muito secreto. Por identificação, e também porque ela achava que não corria perigo em se mostrar demais, foi permitindo que o trabalho ficasse mais rico.

Luciana passou a prestar mais atenção ao seu comportamento, e sua forma de se relacionar com as pessoas foi ficando mais amena. Deixou de se preocupar consigo mesma de maneira tão narcisista. Contava todas as sessões para o motorista. Afinal, os sonhos eram dele! E ele reconhecia estar também usufruindo da terapia. Aos poucos, Luciana começou a trazer os próprios sonhos. Por essa via tão "circuituosa", saímos todos enriquecidos.

Atirei no que vi e acertei no que não vi.

Uma estranha provocação

Laura me telefona pedindo um horário com certa urgência. Assim que abre um horário, marco a sessão. Quando toca a campainha, percebo um toque duro, exigente. Abro a porta e vejo uma menina (13 anos, talvez?) magérrima. Convido-a entrar na minha sala e me ponho muito atenta. Laura conta das brigas que tem tido em casa por causa de comida. Ela se recusa a comer, pois morre de medo de engordar. Seu médico fala em internação, caso ela não mude de atitude.

Ela treina atletismo, é fundista. Corre cerca de quinze quilômetros por dia e quer se manter leve. Às vezes concede em comer meia maçã – que lhe basta para o dia inteiro. No momento, seus pais já não pensam mais que se trata de coisa de adolescente. Estão muito aflitos, acham que ela necessita ser internada. Descubro que ela tem 22 anos. E me espanto. Os pais têm razão de estar tão preocupados. Conversamos longamente: ela acha que não precisa fazer terapia. Vamos dialogando e, no momento em que ela quase está aceitando experimentar algumas sessões e ver como se sente, reassume sua postura fechada. A sessão termina.

Nós nos levantamos e ela, muito concentrada, com a mão na maçaneta, diz, firme e com clareza: "Eu quero negociar com você. Venho fazer terapia se fizermos um trato: você vai prometer que me deixa morrer quando eu bem quiser".

O choque é inevitável; por um tempo fico tentando me administrar. Vejo que se trata de tremenda manipulação (e se não for?), mas, sentindo que ela já começou a lutar comigo, tiro um tempo para refletir. Só consigo pensar em tornar aquela proposta mais leve. De repente, digo que naquele caso a terapia vai demorar um pouco, pois não tenho nenhuma prática em cuidar de cliente morto! Vou precisar treinar antes. E lá se vai ela, batendo a porta com força.

A família vai à terapia

Eu estava chegando ao consultório, onde atenderia uma jovem que tinha se mostrado muito interessada na experiência de fazer terapia. Ao me aproximar, estranho a cena na porta da clínica. No portão, estavam uma menina, dois homens e o manobrista. Este, meu conhecido, me olha de um jeito tranquilizador. Descubro que a garota viera com o pai e o tio para eles "assistissem" à primeira sessão.

Tento manter a calma e convido os dois homens a esperar pela menina dentro do consultório. Eles, apesar do pescoço esticado para olhar tudo, com grandes suspeitas quanto ao trabalho que seria desenvolvido, recusam o meu convite.

Ora, acho que não preciso contar qual era o tema mais forte da minha nova cliente, não? Ela veio tentando achar uma brecha para expressar sua liberdade e singularidade. Estávamos num caminho muito interessante para trabalhar. Ela, já formada em psicologia, havia começado a atender em consultório e estava muito feliz namorando um rapaz bastante talentoso.

Sua felicidade era visível. E junto com a felicidade vem a beleza. Nitidamente primaverando. A jovem passa a "dispensar" a carona do pai e do tio para vir à terapia. Mas isso não dura muito. Ela me diz que sua família lhe pedira para abandonar as sessões, pois eles estavam numa fase difícil e precisavam dela em casa.

No caso, a luta incluiu a família, a qual considerava que a terapia traria muitas mudanças indesejáveis à sua menina! Sem procurar nenhuma outra solução e sem nenhuma negociação ela se foi, prometendo voltar um dia...

A história de Tereza Elias

É impossível esquecer o caso de Tereza Elias. Ela não era cliente, mas quase. No início de nossa carreira, eu e meu marido convidamos Tereza para trabalhar em nossa casa. De origem muito humilde, família grande, morava numa favela. Tereza não prestava muita atenção nas coisas da casa nem nos projetos do seu marido, e o seu sonho mais acalentado era ser mãe de um ou dois filhos.

Um dia, Tereza tinha uma consulta no hospital-escola, no setor de infertilidade. Estava ao mesmo tempo contente – pois avaliava que o médico lhe prescreveria um tratamento eficaz que lhe permitiria engravidar – e ansiosa – temia que lhe injetassem algo misterioso. E isso ela não queria. Nem pensar.

Tereza era negra, analfabeta, desdentada e um pouco tímida. E lá foi ela. Eu sabia que ela estava num equilíbrio bem instável. Queria seu bebê com toda força de que era capaz. Mas todos vocês sabem como funciona um hospital-escola. Ela entrou pelo pronto-socorro – aquela câmara de horrores, cada paciente que entra está pior do que o outro.

E Tereza, de susto, desmaiou. Quando voltou a si, percebeu que estava no corredor, numa maca, esperando alguém vir examiná-la. Entrou em pânico, mas desenvolveu uma estratégia: apresentar-se como muda ou como doida. Cabeça firme na maca: ficou o tempo todo olhando para o teto. Muita gente gravemente ferida passou por ela, e ela, querendo fugir daquela situação, fechava bem os olhos, tremia de medo, mas ficava dura e muda. Quando qualquer médico se aproximava, Tereza ficava olhando para o teto. Lugar de treinamento médico, vinham os internos e residentes para diagnosticar o comportamento daquela criatura estranha. Chamaram também o departamento de psiquiatria. E Tereza muda. Internaram-na por dois dias para ver o que acontecia. E nada! É curioso que ela, tão sem recursos, deu um baile nos médicos e nos treinandos, internos e residentes. A luta foi digna de ver.

No quarto dia de hospital, os funcionários já não tinham arsenal para usar com Tereza Elias. Encontraram, então, um papel no seu bolso, com o nosso endereço e telefone. Aliviadíssimos, chamaram a mim e a meu marido para explicar o comportamento bizarro dela. Naquela altura, vários departamentos do hospital estavam envolvidos no caso, cada um com suas hipóteses de diagnóstico.

Foi difícil encontrá-la. Mas ela ficou muito feliz em nos ver: pulou pra fora da maca com toda competência e rapidez e começou a nos contar que cada pessoa que se aproximava dela provocava muita raiva – e medo. Por isso ela se recusava a falar, a comer, a levantar para ir ao banheiro... E assim, disse Tereza, vingou-se de todos os médicos de lá.

Tereza construiu um estratagema para se defender daquelas pessoas que lhe metiam medo. Sem se importar com os professores, com os médicos residentes e internos.

Ela tinha um projeto próprio e aquilo lhe bastava.

Com um projeto na cabeça, todos ficam com uma força muito grande para enfrentar a vida. Um projeto vislumbrado torna o futuro mais promissor.

Tereza levou a melhor, não acham? Termino esta crônica contando que ela finalmente engravidou e teve um meninão, que é a alegria de sua vida.

Aí vai uma receitinha: o encontro acontece quando paramos de procurar. Com calma e discernimento, conseguimos nos desfazer de tudo que machuca, pesa, ocupa espaço indevido.

O TERAPEUTA COMO FIGURA: REFLEXÕES

O que eu teria a dizer a alguém que estivesse se iniciando no ofício de ser terapeuta?

Se eu tivesse um mínimo de senso, não diria nada. Porque não adianta. Quando estamos no início do caminho, cavalgando a nossa onipotência, todas as trilhas parecem simples e diretas. Que bênção que seja assim, senão o mundo não sairia do lugar.

Como retirar o brilho da esperança de que podemos "curar" alguém e, portanto, curar a nós mesmos?

Como contar que as nossas necessidades nunca se ausentam? Que não poderíamos exercer esse ofício se não precisássemos exercê-lo?

As necessidades não são só de outros. Em nível mais profundo, elas refletem uma situação que também corresponde às minhas necessidades. Assim como quem me procura vem em busca de ajuda, eu também preciso dele para expressar minha capacidade de ajudar.

Posso, por exemplo, carregar para o trabalho a necessidade de restaurar a minha criança ferida, de tal forma que toda pessoa que vier me procurar em busca de ajuda será a minha infância machucada, a necessitar que os ferimentos sejam cuidados por uma figura paternal carinhosa. Ou, ao contrário, posso ser o filho maravilhoso que salva o pai ou a mãe dos caminhos confusos de sua floresta noturna, trazendo-lhes luz e renovação.

A necessidade em si não é prejudicial. Só se torna danosa quando não é reconhecida, quando fica relegada à sombra no processo terapêutico. Corro o risco de tentar encaixar o outro num papel que não lhe cabe, ao qual ele não foi destinado. Pois se eu for o pai, ele terá de ser meu filho; se eu tiver de curar, ele precisará estar doente; e se por acaso eu for um iluminado, só poderei entendê-lo como alguém perdido na escuridão.

Como contar que a nossa maior tarefa, dentre todas as outras – nada heroica, aliás –, consiste em ouvir com muita atenção, acompanhar e esperar? E que embora essa atitude pareça passiva, existe um enorme investimento de energia nessa postura?

Afinal, que seres somos nós, terapeutas?

Gosto de recorrer à mitologia para explicar melhor minhas colocações. Na mitologia, os temas são sempre polares, isto é, levam em consideração o direito e o avesso de todas as coisas.

Os heróis travam suas batalhas à luz do dia, quando podem voar, mergulhar no mar, correr pelas montanhas. Os monstros pertencem à escuridão e às cavernas, e têm o hábito de ficar à espreita. Embora pareçam opostos, são facetas diversas da mesma história.

Assistimos à eterna luta entre os poderes da luz e os poderes da escuridão. Assim, pedirei auxílio aos deuses do Olimpo. Em especial a Hermes e a Hefesto.

Hermes, o deus de pés alados, leve e aéreo, hábil e ágil, flexível e desenvolto, é o comunicador. Ele tem como tarefa estabelecer relações entre os deuses, entre os deuses e os homens, entre leis universais e os casos particulares, entre forças da natureza e as formas de cultura, entre todos os objetos do mundo e os seres pensantes.

Hefesto é o deus feio e deformado, o que persiste e fica trancado em sua caverna no fundo das crateras. Ele não vagueia no espaço, preferindo ficar fechado com sua forja, onde incessantemente cria objetos perfeitos em todos os detalhes, joias e ornamentos para os deuses e deusas, armas, escudos, redes e armadilhas. Hefesto é o oposto da leveza do voo de Hermes, com seu passo claudicante e descontínuo, compensado com o cadenciado bater de seu martelo na bigorna.

Hermes e Hefesto representam duas funções vitais inseparáveis e complementares: o primeiro é a sintonia, a participação no mundo que nos rodeia; o segundo é a focalização, ou seja, a concentração construtiva. A concentração e o domínio sobre a técnica, característicos de Hefesto, são condições necessárias para dar lastro às funções e metamorfoses de Hermes.

A mobilidade e a agilidade de Hermes permitem que o trabalho interminável de Hefesto tenha significado. Tal trabalho demonstra a capacidade de transformar material bruto em divina arte.

Essas duas polaridades representam a atitude que devemos ter sempre em mente ao exercer o nosso ofício, privilegiando uma ou outra conforme a situação.

Nosso trabalho começa e termina no encontro humano. Todo nosso esforço, treinamento e experiência se encaminham para esse momento. Se o encontro fracassa, tudo desmorona, a começar pelas duas pessoas que juntas estão tentando encontrar algum elemento significativo para o trabalho terapêutico. Se esse é o ponto importante do nosso trabalho, tentemos lançar alguma luz sobre as áreas de escuridão que sempre existiram na relação entre duas pessoas e, especialmente, sobre as sombras que atrapalham ou impedem o trabalho terapêutico.

A psicoterapia não pode evitar o fato de iniciar-se do interior do psicoterapeuta. Para se tornar terapeuta, é necessário ser muito inquieto e muito sensível. A inquietude nos move. A sensibilidade nos faz diminuir o passo e escutar com atenção. São justamente a inquietação e a sensibilidade que nos provocam dor quando tentamos cuidar da ferida do outro.

E não há outro caminho. Nem um atalho.

A necessidade de fazer algo a respeito de nossas feridas, que inicialmente são por nós ignoradas, nos impulsiona a pensar que a função de estarmos no mundo é cuidar de outros. Buscamos fazer um trabalho de integração, unindo partes desconectadas, compondo novos padrões.

É interessante notar que em inglês a palavra *holy* (sagrado) e a palavra *heal* (curar) têm a mesma origem de *whole* (que se refere ao todo). Desse modo, nos propomos a fazer o trabalho dos deuses, sendo capazes de, ao estar diante de pedaços esparsos e desconexos, construir um novo todo, cheio de significado.

Qual é a nossa profissão de fé?

O que nos move?

Em primeiro lugar, a crença na capacidade inerente ao ser humano de se desenvolver na melhor direção. Que a felicidade, os momentos de harmonia, de paz e integração são direito inalienável de todos.

Que cada um está buscando o seu melhor caminho, embora nem sempre enverede pela estrada mais bonita e aberta.

Que todos têm o direito de se encaminhar para o seu sonho – ainda que, para isso, precisem se defrontar com bruxas, monstros, florestas de espinhos.

De modo muito paradoxal, ao mesmo tempo que nos empenhamos em acompanhar a pessoa em direção aos seus labirintos profundos, no caminho passamos a conhecer alguns dos nossos, sem muito susto. Sempre com cuidado e reverência.

Nós nos valemos da companhia do cliente para ampliar o conhecimento sobre nossas questões internas. Ao cuidarmos do outro, de maneira simultânea, o outro está cuidando de nós. Dessa forma, o circuito se fecha.

Às vezes, é o cliente que nos acolhe, ao mergulhar com tanta confiança no seu processo. Ao agir assim, ele abre espaço para nós.

Em situações turbulentas, as crises que nós, terapeutas, enfrentamos nos fazem indagar quem teria de pagar a quem, uma vez que o atendimento nos trouxe alívio, constituindo um bálsamo para cuidar de nossa alma.

Mas um alerta: cabe ao terapeuta conhecer suas feridas bem de perto, para discriminar o que é seu daquilo que não é. É preciso estar a serviço do outro, e não usá-lo para fazer buscas pessoais.

O que está ao nosso alcance fazer?

Ter profunda fascinação e carinho pelo ser humano, com todas as suas potencialidades. Admirar o modo singular e profundamente criativo como cada um resolve a própria vida – embora nem sempre utilize um caminho estético e harmonioso.

Ao longo do caminho, de acordo com sua história e seu contexto, com sua trajetória de vida, as pessoas podem se tornar nutritivas, tóxicas ou ambas as coisas, dependendo da situação. Das nutritivas não precisamos falar muito. São queridas, iluminadas, solares, disponíveis, generosas. Seu maior defeito é a ingenuidade de avaliar os outros por si mesmas, tornando-se presas fáceis das tóxicas. Estas, por sua vez, podem contaminar o ambiente, provocando náusea, mal-estar, vampirizando a vida alheia, roubando nossa energia e nos tornando impotentes. E, ao usurpar nosso poder, trabalham contra si mesmas, inviabilizam nossa possibilidade de ajuda e, principalmente, nosso afeto, que poderia ser o melhor lenitivo para sua dor. E nós, terapeutas, teimosos, inspirados pela persistência de Hefesto, somos adeptos do ditado: "Água mole em pedra dura tanto bate até que fura". Mas até que fure passou-se um longo tempo, foi preciso muita água, trabalho e paciência...

O que ganhamos com isso?

O privilégio de chegar muito próximo da verdade de cada um. De ter a licença, a possibilidade de estar em tal nível de intimidade com outra pessoa que encontramos um companheiro de vida, com as mesmas questões, as mesmas perplexidades, o mesmo espanto.

Às vezes precisamos permanecer juntos até que ela encontre seu trilho, quando então ganha velocidade e segue seu caminho. Quando isso ocorre, é mais um momento de fé. De crença no potencial do ser humano. E de certeza que a terapia funciona.

Em condições adequadas esse potencial se atualiza, desabrocha. Vivemos muitas vezes essa possibilidade concretamente, e posso lembrar de histórias que me acalmam em momentos de maior fragilidade ou, ainda, de outros que questionam a validade do trabalho terapêutico.

Quais são as nossas armas?

À medida que o tempo passa, nossa percepção se aprimora. É como se olhássemos para o mundo usando lentes sofisticadas. É essa nossa capacidade de olhar através, de perceber o que ainda está no escuro, que nos torna diferentes. Então, ao depararmos com um instante criativo, somos capazes de reconhecê-lo, abrindo passagem e sinalizando que algo importante está para acontecer.

Paradoxalmente, no momento em que estamos de posse de todas as condições possíveis para intervir e provocar mudança, torna-se necessário que as ponhamos de lado e entremos para o encontro desguarnecidos. Na busca de uma relação eu-tu, o encontro ocorre quando ambos têm coragem de abdicar de suas posições anteriores para se encontrarem num terceiro ponto, desconhecido de ambos. Estamos sempre garimpando à procura da palavra plena – em que o ser, o sentir, o expressar estão integrados na mesma direção... E somos capazes de compartilhar e reconhecer o momento e a emoção da chegada, do encontro, da palavra que brilha porque vem cheia de significado e inteireza.

É justamente a nossa ferida que se transforma em talento?

Quíron, o centauro que foi mestre de Asclépio, pai da medicina, ensinou várias gerações a lidar com as artes da cura. Eles ficavam intrigados com o fato de o mestre ter uma ferida crônica na perna que não sarava. Ao ser interpelado, Quíron mostra que tem consciência de sua ferida e responde que essa condição é de caso pensado, tem uma razão de ser. Ao manter a ferida aberta, a dor presente faz que ele trate aqueles que o procuram com mãos leves.

Não precisamos ser perfeitos e bem resolvidos para exercer o ofício de terapeuta. Mas sem dúvida devemos ser muito persistentes em nossas buscas internas. Estar sempre a caminho. Temos a necessidade de fazer seriamente o nosso diagnóstico, pois sempre corremos o risco de eleger clientes que nos são complementares e acabarão alimentando as nossas dificuldades. Isso sem mencionar que o cliente entra nessa constelação sem o saber, ficando enredado.

Alice Miller[4] faz uma descrição primorosa de pessoas que, durante a infância, perceberam a necessidade de seus pais e trabalharam muito precocemente para cuidar deles – quando a relação tinha de ser o inverso. Vocês já se questionaram por que nos tornamos tão ardentes pesquisadores (pesquisa-dores) do diálogo e do encontro?

Quantas e quantas vezes deparamos com a impossibilidade do diálogo, e trombamos com desencontros... Revisitamos pontos e histórias enquanto a cicatrização na nossa alma ainda não está completa, e para lá somos levados por nossos clientes à revelia... Quando menos esperamos, lá estamos nós, caindo buraco abaixo. De novo!

Faça o que eu digo, mas não faça o que eu faço

O maior trabalho que fazemos em conjunto com o cliente é buscar clareza daquilo que se passa em seu ser, para que ele possa ser capaz de ir em busca de sua estrela guia.

Já nossa função como profissionais é quase sempre saber reconhecer o nosso desejo, para em seguida deixar nossas necessidades de lado, usando-as apenas como sinalizadores. Estamos a serviço do outro por um contrato que não pode ser transgredido. Existe aí uma regra de abstinência, um sacrifício que temos de levar profundamente a sério ao nos tornarmos profissionais.

---

4. MILLER, Alice. *O drama da criança bem-dotada*. São Paulo: Summus, 1997.

E a seguir, o que acontece?

E depois de tudo, desse longo trabalho de alfabetização, passo a passo, quando atingimos o ponto de chegada, o momento do diálogo, da mutualidade, essa é justamente a hora de encerrar o processo!

Enquanto acompanhávamos aquela pessoa em sua busca, tal como na história do Pinóquio, nós também adquirimos forma humana, deixando de ser um boneco de madeira articulado para nos transformar em gente de verdade, de carne e osso.

Vocês se lembram da história do Pinóquio? Vamos recordá-la.

Era uma vez um mestre artesão chamado Gepeto, um carpinteiro capaz de fazer brinquedos de madeira tão coloridos que deixavam maravilhados todos os que tinham contato com sua obra. Certa vez, trabalhou até altas horas da madrugada numa marionete.

Gepeto era um homem muito só, e naquela noite sonhou que seu novo boneco adquiria vida e ficava morando com ele, dando-lhe muito carinho. Qual não foi sua surpresa ao acordar e ver que, durante a noite, sua fada madrinha havia lhe concedido o desejo. Seu bonequinho de madeira havia se tornado autônomo, mexendo-se sem necessitar dos cordéis.

Gepeto ficou muito feliz, pulava e dançava tomando o boneco pelas mãos. Agora tinha um menininho para cuidar e amar.

Pinóquio aos poucos foi tomando contato com a vida e surgiu nele uma vontade, uma necessidade, de se transformar em gente – igual aos seus amigos de escola. E novamente a fada madrinha surgiu e disse que, quando ele tivesse cumprido um percurso de vida, enfrentando com coragem os obstáculos que se apresentassem, teria o direito de se transformar em um menino de verdade. E então ele foi pelo mundo, cheio de recomendações do Gepeto.

Aconteceram muitas peripécias, e ele se distraiu, indo cada vez mais longe em seus passeios. Gepeto ficou preocupado e resolveu ir atrás de Pinóquio. Quando este finalmente voltou para casa, ficou sabendo que o pai estava em perigo, pois havia sido engolido por uma baleia. Então se pôs a caminho e, com tremendo esforço, conseguiu resgatar Gepeto. E quase morreu nessa empreitada, ficando desfalecido na praia. Foi nesse momento que sua fada madrinha veio salvá-lo e concedeu-lhe seu maior desejo: ele se tornou um menino de verdade, de carne e osso!

É no fim do processo de psicoterapia, no ponto em que finalmente somos como *dois Pinóquios libertados*, que viramos gente de carne e osso, deixando de ser personagens um para o outro. Temos enfim a chance de ser vistos em toda nossa transparência, como seres humanos dotados de alma – para novamente abrir espaço e receber outra pessoa, começando do começo, revivendo a conhecida sensação de sermos feitos de madeira e estarmos novamente diante de um companheiro Pinóquio com seu anseio de se tornar humano. E assim vamos, nessa ciranda eterna...

Lá vai Sísifo, novamente, empurrando sua pedra montanha acima...

À maneira de Sísifo, tivemos a arrogância de sonhar em algum dia aprisionar a morte, libertando dela os seres humanos e igualando-nos aos deuses do Olimpo.

Eis nossa punição por essa ousadia: empurrar essa enorme pedra montanha acima, de antemão sabendo que quando estivermos, com todo o esforço, chegando ao topo, a pedra vai rolar morro abaixo, levando-nos de volta à base da montanha.

E esse eterno retorno nos lembra de que somos apenas *humanos*.

ATREVENDO-ME A ESCREVER TEXTOS

Minha nova amiga Elizabeth,

indo a Curitiba, onde fui fazer um *workshop*, lembrei-me, tristonha, do motivo do nosso encontro. A amiga comum, que gostava de ser chamada de Anita, havia acabado de falecer. E, dentre meus amigos, fui escalada para encontrar você e contar o acontecido. Essa tarefa dolorida instalou-se no meu peito por longo tempo.

Sinto necessidade de lhe contar o que ficou desse nosso reencontro. Desde o telefonema, fiquei muito mobilizada. Compartilhar a nossa saudade de uma amiga que se foi, a coisa da descoberta da escrita, nossa conversa tão rica, cheia de energia. Éramos como velhas amigas trocando confidências.

À medida que envelhecemos, temos uma reação saudável ao nos sentirmos acompanhadas em determinada maneira de ser, na busca da profundidade, e não perdemos tempo. Toda a dança preliminar pode ser dispensada. Saltamos na hora para dentro da intimidade.

Eu não sabia por onde começar, mas foi apenas um jeito de abrir o contato. Acho que sei, sim... Em primeiro lugar, quero agradecer sua prontidão em ir me ver aí em Curitiba, mesmo com o meu pouco tempo disponível. E você chegou cheia de presentes. O plano de me levar para almoçar num lugar em que você poderia me apresentar um pouco da cidade, um cantinho seu favorito. O seu livro, absolutamente encantador, seja na forma, seja no conteúdo, ao qual não resisti e li avidamente no voo de volta a São Paulo. Até me esqueci de ficar aflita com a turbulência. Provavelmente a turbulência interna estivesse bem maior.

Agora, com mais calma, estou saboreando devagarinho cada um dos contos – e o trabalho feito em Paranaguá, cidade escondida, à primeira vista apenas mais um porto maltratado e mal trajado. Flagro-me contando do seu percurso para as minhas pessoas mais queridas. E mostro o livrinho, *mas na minha mão*. O interessante é que os contos me são absolutamente conhecidos. Quem dera eu tê-los escrito. Reconheci neles a fala de uma mulher universal, que, bem acolhida, nos premiou com imagens riquíssimas.

Além de tudo, acho que temos como ponto de contato uma pessoa em comum: a nossa querida amiga que já se foi. Ela, mesmo ausente, consegue "costurar" pessoas. (Às vezes gosto de pensar que ela está nos assistindo, toda satisfeita, agora já dona de uma compreensão da vida que a faz sorrir ao nos ver tão humanas, enroscadas nas nossas atrapalhações e sem-gracezas inerentes.)

Ela foi uma grande amiga, de quem sinto muita falta. Tinha idade para ser minha mãe, mas isso não constituía problema, pois ela tinha capacidade de ser suficientemente flexível para não se fixar em nenhuma idade. Ora era uma moleca arteira, com uma pitada de malícia, ora se apresentava como mulher sábia, capaz de transcender o imediato e ter uma visão mais refrescante sobre os problemas do mundo.

Sabe aquelas amigas pra quem a gente pode ligar para contar a coisa boa que nos aconteceu, o feito importante que os filhos realizaram? Sim, porque para ouvir o que não deu certo todos têm ouvidos, mas para sinceramente celebrar um episódio que nos enche de alegria é raro encontrar interlocutores. Entra aí o ciúme, a inveja, a sombra.

Ela foi a avó dos meus filhos, sem os embaraços de ter o mesmo sangue, com dedicação e espaço. Foi incentivadora e companheira intelectual para a ciência do meu marido; foi, ao mesmo tempo, a mulher conhecedora que entendia muito bem os sobressaltos da minha alma feminina – que continua tendo a mania de não caber dentro deste invólucro corporal!

Trocávamos vivências e confidências. Juntas, aprendemos a fazer um precioso trabalho interno, buscando uma atmosfera de quietude e paz. Passei momentos de muito aconchego naquela casa onde funcionava seu consultório, desde o início, quando ainda não estava mobiliado, só tinha algumas almofadas e o tapete ao redor da lareira. Como era bom chegar do trânsito, das preocupações e correrias e entrar naquela atmosfera. Ficar na varanda, com os pés descalços na grama, meditando, escrevendo, olhando o entardecer. E conjecturar. Ela, ali, fazendo o seu caminho, a sua reflexão. Só depois é que conversávamos, compartilhando a vivência daquele dia.

Outro sinal de amizade: poder trabalhar juntas, cada qual no seu processo compartilhando o silêncio. Ela gostava de dizer, por exemplo, que rico é aquele que ama, não quem é amado, pois o amor reside dentro da pele dele. Confesso que no princípio não entendia bem o que ela queria dizer com isso, mas hoje vejo com cristalina transparência o que significa.

Será essa compreensão uma questão de hormônios?

Ela confiava em mim como profissional; apesar de eu ser mais jovem, tinha mais experiência profissional, e ela pedia auxílio e supervisão. Ela se formara (na faculdade) havia pouco tempo (acho que se graduou oficialmente aos quase 70 anos de idade). Mas não se dava conta de que tinha ido para a academia só por questão burocrática, pois se formara na vida – e tinha aprendido de primeira mão. Tinha um defeito, perfeccionista que era: nunca se achava pronta. Quando eu perguntava quando ela começaria a dar aulas e a formar grupos de estudos, respondia que não estava pronta. Nem utilizando a mitologia grega, que ela conhecia de fio a pavio, não havia meio. Ela era capaz de dar suporte a todas as iniciativas de outras pessoas, emprestando livros (quantos livros havia naquela casa!), discutindo os temas, induzindo clarezas, diminuindo prolixidades.

Como profissional, era exigente tanto consigo mesma quanto com os clientes. Se ela percebesse que determinado cliente não estava se devotando ao trabalho, se ele não cuidasse de seu material, se não sonhasse, depois de vários primeiros avisos era despachado, até que resolvesse trabalhar direito. Acho que ela intuía que seu tempo não era tão extenso assim aqui na Terra.

Ela sabia ser encantadora, quando se comportava como uma mulher do mundo, conhecedora dos fatos da vida. Tinha um jeito especial e coquete de fazer contato com homens, libertando todo o seu charme, jogando fora e deixando para trás os anos a mais que lhe pesavam nas costas.

Costumava viajar para a Europa uma vez por ano. Ela, que era tão vaidosa e gostava de se vestir bem, levava apenas uma malinha, e assim mesmo cheia pela metade. Quando eu perguntava como ela conseguia tal proeza, respondia que ia ficar na casa de um amigo de longa data, que na certa, cavalheiro como era, insistiria em carregar sua mala escada acima, quando chegasse. Fazia então uma mala bem leve, para cuidar que ele não se esforçasse demais.

Aos 75 anos, bem próximo da sua morte, estivemos juntas num *workshop*. E qual o comentário que ela fez? A respeito de técnica, a respeito do conteúdo? *Nada disso!* Disse que havia somente dois homens bonitos no grupo! Oxalá chegar à idade dela e poder ter olhos jovens e dizer isso com tanto interesse.

Tive também o prazer de conhecer Paris pelos olhos dela, que vivera lá por alguns anos e contava muitas histórias. Sempre dizia que me apresentaria Paris, cidade que ela amava. E assim o fez quando surgiu a oportunidade. Caminhamos e caminhamos. Ela conhecia cada esquina. A ida ao Louvre foi incrível. Uma vez dentro, ela visitava a obras que eram suas amigas, tal a desenvoltura com que conhecia cada quadro e cada ala do museu. Tinha uma afinidade visceral com arte e estética. Suas coisas eram lindas e de muito bom gosto.

Ela conhecia o lugar onde serviam o melhor café com leite da França; sabia de onde se descortinava a melhor vista do pôr do sol; qual o melhor ângulo para ver a Torre Eiffel; em que ponto da sala estavam expostas as *Ninfeias* de Monet, de onde se podia ficar mais intensamente imerso naqueles roxos e lilases.

Não foi à toa que vocês duas se deram tão bem!

Ela lutou muito com a própria concretude de pessoa vivida. Buscava incessantemente a fé, que ela dizia não conseguir ter. Buscava o sentido de transcendência, que dizia não alcançar. Sofreu pela própria competência, bem como pela própria miopia para enxergar com clareza que aquilo que tanto buscava há tempos lhe pertencia e estava ao alcance de sua mão.

Fez-me lembrar uma história que Tagore escreveu. (Num de seus escritos você o cita, e eu achava que só eu o conhecia, de tão antigo!)

"Era uma vez um homem que caminhava pelo mundo à procura de algo que ele não sabia bem o que era. Caminhou que caminhou, procurou que procurou. Nas suas andanças, passou a usar na cintura uma corrente feita de cadeias de ferro. Disseram-lhe que em algum lugar ele encontraria uma praia onde havia uma pedra especial que, ao ser friccionada de encontro ao seu cinto de elos de ferro, transformaria aquele material rústico em ouro.

Então, ele descobriu uma razão para a sua busca. Ficaria rico com a venda de pedaços dessa pedra. Ambicioso e voraz, passou a visitar todas as praias de que tinha notícia. As pessoas estranhavam muito aquele homem enorme, catando pedras na praia e avidamente esfregando-as no cinto. Esse comportamento se repetia e se repetia. E ele continuava. Com pressa cada vez maior, porque já havia visitado quase todas as praias do mundo. Até que, um dia, envelhecido, cansado e desanimado, sentou-se e olhou para o mar. Foi então que conseguiu ver o mar em todo o seu esplendor.

E qual não foi a sua surpresa ao olhar para o cinto e verificar que ele havia se transformado no mais puro e reluzente ouro. Então era verdade! Só que, na pressa, não tinha a menor ideia de qual fora a pedra que havia feito a transformação."

Iniciada a semana, chegando no meu consultório, lembrei-me daquele seu outro livro bem maior, que falava do hotel junto da estação de trens. Eu havia me esquecido que imagem saborosa essa, a de um hotel junto de uma estação. Quem sabe até muita gente tenha resolvido interromper a viagem só para ficar um tempo hospedado ali. E, em consequência dessa decisão, algum fato marcante tenha ocorrido na vida dessas pessoas. Nesse livro, ou álbum de recordações, você descreve a saga da família e de hóspedes que lá estiveram. Curiosamente, todos os seus contos estão presentes nesse livro grande. É só abrir e libertá-los, para depois recolhê-los no livrinho.

Hoje de manhã peguei o seu outro livro, o *Azul Paranaguá*. Ai, meus sais!!! Trata-se de um caso raríssimo de "vidência", de ser capaz de ver pessoas e histórias através de calçadas, portas, janelas paredes descascadas, descobrindo tudo aquilo que jazia escondido, guardado no fundo do baú. E tome Clube Literário, personagens antigos, escritos, museus, Instituto Histórico e Geográfico, iniciativas. Velhinhas e suas mágicas guardadas dentro das gavetas, vindo à tona de si mesmas, à luz.

Amiga, o seu olhar e a sua energia são um caso sério. Você é uma garimpeira da alma que reside em cada construção, cada pedra do caminho! Devia ter uma plaquinha na porta de seu consultório avisando isso. Se seus clientes parassem e se dessem conta daquilo que estava escrito, não perderiam tempo resistindo. Abririam logo a porta e diriam: "Pode entrar, esteja à vontade, a casa é sua!"

Esta carta, em si, já é um texto. Também vou me atrever a escrever. Curioso como o atrevimento é contagiante, não? Acabo de ter uma ideia! Propor um curso de Atrevimento na universidade, que é o local certo para atrevidos (pelo menos é o que deveria ser). Eu lhe contei que devagar fui ousando me afastar do porto seguro da teoria. Sempre tive necessidade de encontrar as pessoas, dialogando e sendo o mais transparente possível. Meus escritos giram ao redor desse nosso ofício e da vida em geral. De modo simples e emocionado.

Um grande abraço, obrigada pela companhia,

Jean

CARTA PARA
MEU AMIGO PAULO

São Paulo, novembro de 2006.

Meu querido amigo Paulo,

estou com muita vontade de conversar com você. Mas, como é bem difícil a gente conciliar um horário e um local, vai por carta mesmo, que sempre foi o nosso meio preferido. Assim, temos tempo de refletir, de saborear as palavras, de libertar imagens.

Procurei você para falar da sua palestra mais recente e não o encontrei. Eu tenho um tema importante para abordar. Da última vez que você retornou de seus sumiços, me contou com muito cuidado e delicadeza que havia feito as pazes com Deus. E que estava em paz. É um tema tão importante que eu teria muito gosto em ouvir mais, e, quem sabe, me apaziguar também.

Para onde você foi desta vez? Estou já bastante acostumada com seus sumiços, que depois se transformam em uma conversa gostosa sobre os lugares que visitou, descrevendo tudo bem devagarinho. Fazendo que a gente participe do seu roteiro na nossa imaginação.

Por falar em imaginação, lembro-me de você recém-formado, indo aos Estados Unidos para ver o que havia de novo por lá e voltando cheio de livros e ideias borbulhantes. Na época, nas demonstrações, era bem curioso conversar com almofadas, espancá-las e às vezes dizer coisas indizíveis em público, ou ainda fantasiar uma situação em que a gente tomava o lugar da mãe com a qual tínhamos acabado de brigar, e ter de fazer isso até conseguir certo entendimento...

Aí começaram os grupos de estudo com filmes, teipes, uma porção de materiais, traduções de livros que muito auxiliaram a introdução de um estilo de trabalho no Brasil e provavam a verdade do que você – no maior entusiasmo – contava a todos, sem nenhuma mesquinharia. Afinal, você sempre foi um professor, que ensinava a quem quisesse aprender qualquer tema que surgisse.

Você sempre dava uma fugidinha, fosse para o seu sítio bem-amado (em que você se encontrava), fosse para as pescarias na praia, e voltava cheio de histórias, com muitas metáforas ricas para o nosso trabalho.

Antes de você sumir desta vez, eu (acho que a idade está chegando...) tive muita vontade de lhe contar da sua importância na minha vida, afinal é hora de fazer algumas devoluções; mas acho que, aí dentro de seu coração, você sabe. Somos do mesmo naipe, fazemos parte dos introvertidos, e talvez conhecendo bem esse lado você muito me incentivava, pois eu ficava tímida. Dizia-me então: "Medo de quê, 'nêga'?", e ficava com uma expressão engraçada de quem estava rindo por dentro. E me fazia também propor experimentos bizarros que nos faziam a todos rir.

De você eu também ganhei o dom da escrita. O papel em branco me provocava pânico, e você me convidou a escrever a introdução do livro *Os sonhos e o desenvolvimento da personalidade*, texto muito intuitivo, de que todos gostaram. Daí fui ficando cada vez mais atrevida.

O seu maior talento era trabalhar com a emoção à flor da pele. E foi o abuso do exercício dessa sensibilidade que muitas vezes o fez adoecer. Quando trabalhávamos juntos, quantas vezes eu ficava com um olho no grupo e outro em você.

Awareness. Aprendi também com você a usar de *awareness*. Como é valiosa a capacidade de concentração total, sabendo a cada instante o que está se passando conosco. Porém, Paulo, se lhe perguntassem um "Como vai?", realmente interessado, você respondia com toda minúcia. Se por acaso a pessoa estivesse só procurando conversa, podia desistir.

Tenho contato próximo com duas (?) dimensões suas:

1. Trata-se de um cavalheiro à antiga, educadíssimo, com beija-mão e tudo, com uma formação clássica respeitável. Guimarães Rosa então podia recitar de trás para diante. Por isso o sucesso de seus escritos. E também de se expressar em público.
2. Acho que sua tendência a sair de repente pela estrada afora tem que ver com outro personagem seu muito conhecido, o caipira de pés no chão "pitando um cigarrinho de palha" e contando "causos". De cócoras, claro. Um agregador.

Esse personagem caipira fez que você lutasse, tentando arranjar um bom terreno para organizar um condomínio para os amigos quando envelhecessem. Assim, além de estar entre pessoas queridas, teriam coisas interessantes para fazer. Fiquei chocada por um tempo, mas hoje, passados muitos anos, acho que faz todo sentido. É que na época eu achava que jamais envelheceria!

Já lhe conheço o suficiente para saber que, quando chegamos zangados falando mal de alguém, você fica muito bravo e briga com a gente. Não admite distribuição de veneno por aí afora.

E, se insistimos, recebemos de volta um "AINDA PENSANDO NISSO? Não tem coisa melhor para fazer? É sério!"

Nesse meu não entender, o seu desaparecimento tem muito de acompanhá-lo em suas alternâncias. Nesses trinta anos de convívio, de tempos em tempos você some, não dá notícia e um belo dia ressurge bonito, descansado, pronto para recomeçar. E com um baú de histórias novinhas para contar.

Dessa última vez chegou dizendo que havia decidido se comportar de modo diferente, pois queria se tornar mais *visível*. Tinha andado muito escondido. Dito e feito. Deu uma linda palestra sobre "O sagrado e o profano na psicoterapia", lançou seu terceiro livro, *Amor e ética*, visitou seus amigos mais próximos, fechou os olhos e descansou...

Fico pensando no seu plano de colocar no mesmo terreno todos os amigões, para conviver e envelhecer juntos. Você foi o primeiro de nós a pensar na velhice e a querer fazer dela um projeto interessante. Confesso que achava essa proposta um tanto descabida; descabida não, precoce. E lá vai alegremente ♫ você em frente, não se importando com opiniões diferentes.

Como sempre, você, com essa voz mansa e persuasiva, nos convence até a tentar voar como pássaros. E pior, existe uma segunda voz, com outra fala carinhosamente infantil que surge quando você está feliz e quer mesmo fazer contato. Acho que foi esse seu jeito que conseguiu conhecer de perto "as bruxas e, principalmente, o caminho para desfazê-las".

Mas, me conte: como é mesmo esse seu novo caminho? Conte-me só um pouquinho... Florido? Verdinho? Desértico? Não tem importância, só a vibração e a saudade dos que te amam vão fazer esse caminho agradável, fresquinho e cheiroso. Você espera por nós?

Um enorme abraço a distancia, sua amiga de sempre,

DjinDjin ♫♫♫♫

Paulo Barros, para quem não o conheceu, foi um excelente profissional, terapeuta, escritor e, principalmente, um grande amigo. Esta é minha homenagem a ele, que se foi em novembro de 2006. Seus livros são: *Narciso, a bruxa, o terapeuta elefante e outras histórias psi* (São Paulo: Summus, 1994); *Ser terapeuta – Depoimentos* (São Paulo: Summus, 2006 – organizado com Ieda Porchat; a primeira edição é de 1985); *Amor e ética* (São Paulo: Summus, 2006).

CONVERSANDO COM
UMA JOVEM ESTUDANTE

Bom dia, minha nova amiga.

Gostei muito de receber sua carta. Quanto mais ao saber que você está com 18 anos e cursando o primeiro ano de psicologia.

Fiquei muito curiosa a seu respeito. Sua pergunta sobre como é essa história de escrever trouxe-me muitas recordações dos meus tempos de adolescente. Em casa, a vida sempre foi difícil e confusa. Para mim, a faculdade consistia em um caminho de salvação e de possível progresso. Todo meu ser estava voltado para aquele projeto.

Além de natação e ginástica olímpica, tudo que eu fazia era estudar. Na época, eu morava com uma tia querida numa cidadezinha de Minas, onde o ensino era uma verdadeira catástrofe. A sorte é que eu tinha vindo de São Paulo, frequentara um colégio forte, que me dera base para aguentar o péssimo colegial que estava fazendo lá.

Mas (tudo tem um mas), eu estava muito feliz com minha tia, que tinha sempre pequenos gestos de carinho comigo, e fiz um bando de amigos que confiavam muito em mim e me elegeram uma espécie de professora particular. Sempre que eu ia estudar, lá vinham eles aprender junto. Os professores da escola estadual não davam conta da matéria, então eu tinha de aprender sozinha para depois passar adiante.

As pessoas me olhavam meio de lado, pois me inscrevi no ensino médio da escola estadual, onde só os meninos estudavam. As "meninas de boa família" faziam o Normal na escola de freiras.

Além do mais, me achavam "muito avançada" para a época. Não ficava bem uma moça andar com tantos rapazes!

A cidade era encantadora, rodeada de morros bem verdes, a vida era simples, as pessoas também. Eu gostava de subir os morros e de ficar lá em cima sonhando com o futuro. Nessas horas, tudo era possível. Eu entraria na faculdade e com o tempo viria a conhecer o meu amado, que me acompanharia para sempre. Passava horas quieta, pensando, até que entardecesse e lá embaixo as luzes começassem a se acender. Era hora de voltar para casa.

Os três anos voaram e chegou o momento da despedida. Meu Deus, quantas lágrimas! Eu sabia que aquele interlúdio havia terminado e não voltaria nunca mais. Daquele momento em diante, eu teria de sair do sonho para encarar a realidade. Como concretizar tudo aquilo a que me propusera?

De volta a São Paulo, uma cidade enorme, quanta estranheza... Onde estavam meus amigos? E os afagos da minha tia, que me garantia ter certeza de que eu seria muito bem-sucedida nos meus projetos?

Aí eu respirava fundo e tocava a vida em frente.

Enfrentei algumas situações de horror na porta do vestibular, com todos os candidatos com caras e poses sapientíssimas, falando uma língua que eu não entendia, aprendida nos cursinhos da vida. E eu me sentindo a mais despreparada, a menos inteligente etc. Entrar na sala de exame era como ir para o matadouro.

Para minha surpresa, comecei a ir bem. Afinal, eu não podia me dar ao luxo de não passar. Mas meus colegas faziam terrorismo, dizendo que a nota das provas não valia grande coisa, pois o importante era o teste de inteligência e o de personalidade. E desandavam a listar nomes que eu jamais tinha ouvido.

NO ENTANTO, APESAR DE TUDO, PASSEI!

Viu o que você causou com a sua cartinha? No momento em que procuramos nos comunicar com alguém tantas coisas acontecem! Fui lançada numa onda de emoção ao reviver aquela época. Para encontrar algum ponto em comum com você, voltei atrás no tempo em que tinha a sua idade e me tornei caloura na PUC de São Paulo.

Eu me lembro de como fiquei deslumbrada ao entrar na faculdade. Durante algum tempo, pisei em nuvens. Como era importante estar na faculdade! Sobre a experiência de ampliação do mundo havia tanto que falar e conhecer, era como se a vida até aquele ponto não tivesse valido, sendo somente um aquecimento para o que viria. Andar sozinha pela cidade, cuidar eu mesma de meus assuntos e tomar providências.

Lembro-me com prazer de uma cena em especial, quando fui à cidade para cuidar de documentos para fazer a matrícula. Eu tinha de assinar um documento. Conscientemente, saí de dentro do cartório e, usando uma mureta em pleno Viaduto do Chá, com vista para o vale, o fiz usando uma caneta que havia ganhado de uma amiga e celebrava o fato de eu ter ingressado na faculdade. Naquele exato momento, experienciei a sensação de ser dona do mundo, que estava a meus pés! Sensação essa que não voltou muitas vezes nesta vida.

Como o grupo era importante, como o mundo se abriu! Eu tinha contato com colegas de todos os outros cursos, e discutíamos de tudo um pouco. Estudar, não, imagina! Mas não ter assistido *àquele* filme, não ter ido ao teatro ver *aquela* peça, não ter lido *o livro* recomendado era considerado *um crime*.

Foi um período de muita ebulição. Na época eu, na minha onipotência adolescente, achava que já sabia tudo, embora não tivesse a menor clareza quanto à minha vida.

Qual era a motivação para escolher psicologia? Essa escolha, hoje eu sei, foi uma tentativa de conhecer um pouco a mim mesma, procurando tornar a vida mais organizada e inteligível.

Você sabe me dizer por que escolheu a psicologia? Não se apresse, leva tempo mesmo para a gente poder responder.

Na sua carta você confia a mim coisas íntimas, seus sonhos, seus processos. Sinto-me privilegiada pela confiança.

Você me conta como acontece a chegada da inspiração e como você escreve, então vamos conversando e caminhando juntas: "Em noites como esta, no silêncio do meu quarto, não são raros os momentos em que meu pensamento se desprende e situações começam a se configurar. Histórias surgem me levando a lugares distantes, sem lógica de tempo ou espaço". Você está me contando do percurso feito até as camadas mais profundas de si mesma. São momentos preciosos, a atmosfera fica translúcida, as cores são mais intensas, a alma fica livre, numa dança leve.

Com a chegada da inspiração, que às vezes aparece quando nos colocamos num estado crepuscular, de muita quietude, as imagens vão surgindo e corro a escrever. Para que as ideias não fujam.

A gente escreve um texto no aconchego da noite, quando todos os ruídos silenciam e há espaço para que os sons interiores se manifestem. Nesse clima de intimidade, as imagens surgem e ganham vida própria; quando penso que estou navegando numa direção, deparo com um tema totalmente diferente. É curioso constatar que se trata de uma questão de dar passagem, abrir espaço. Aprendi a não tentar domar o texto.

Uma coisa curiosa é escrever à mão, que é um ato da maior intimidade, quando as ideias saem da cabeça, descem pelo braço até a mão, são colocadas no papel e vistas pelos olhos. Fecha-se um círculo.

Escrever no computador, como eu faço hoje, é outro movimento: quando o texto é colocado na tela, salta aos olhos e pede diálogo. Estabelece uma conversa. Como se eu estivesse conversando comigo mesma. E daí vai se dando o cozimento do texto, devagar, em fogo brando. Às vezes o texto sai rápido, aos borbotões, quase não dá para respirar, a cabeça vai muito mais rápida que as mãos, provocando abalroamentos. Tudo fica embolado. Existe depois um movimento de vaivém, segue-se adiante com o tema, volta-se para reler o que já está pronto, para corrigir ortografia, afinar melhor uma ideia, ressaltar algum ponto que ficou sintético demais, que só a gente entende. Só quem escreveu sabe o caminho percorrido pelas ideias.

Em alguns momentos surge uma sensação muito estimulante: começamos a escrever ao léu, sem saber que caminho seguir. Imagino que deva ser essa a sensação de molecagem ao descer uma ladeira no carrinho de rolimã. Vento no rosto, medo e excitação com a rapidez, carrinho que ganha velocidade própria – e a única coisa que se pode fazer é tentar não bater em nada e não se machucar.

Então, leio, releio, ajeito aqui e acolá, "lavo" o texto várias vezes, tirando os excessos. Isso porque o texto inicial é muito emocionado e surge como um desafogo. E esse é para nós, ainda não é aquele que vamos mostrar.

Acho que você conhece esse caminho: "Uma música, o som do vento, o ruído da chuva, uma foto, uma recordação, situações e fatos fúteis em momentos como este são o bastante para me colocar na carruagem do pensamento e me levar para lugares longínquos sem horário de volta".

Daí bordo, chuleio, ponho acabamentos e apresento-o para algum interlocutor e leitor amigo. Gosto muito de estar presente enquanto a pessoa lê. Observo reações, mudanças no padrão respiratório, rubores, olhos arregalados ou às vezes com um pouquinho de lágrimas se insinuando. Fico com absoluta falta de ar, com muita vergonha de tamanha exposição, não sabendo como aquilo está sendo recebido. Fico em suspenso enquanto a pessoa não termina.

Quando ela olha para mim, percebo – naquele momento supremo – que ela me captou, e me sinto acompanhada. É um momento mágico, de encontro. De alma para alma. Acabo de me dar conta disso.

Costumo me indagar por que escrever faz parte do meu ser. Se não tenho inspiração ou se os fatos da vida me afastam da escrita, fico indócil.

Com o tempo, aprendi que é mais difícil fazer-me entender pela fala. Não sei se a presença concreta, física, e a necessidade de dar uma resposta à altura inibe a sensibilidade do outro que nos ouve. Ou inibe a intensidade dramática com que a gente se expressa, modulando o teor de emoção que vai junto com aquilo que é dito. Provavelmente um pouco de tudo.

De repente solto o texto, considerando-o pronto para o mundo, e as pessoas mais distantes têm a liberdade de lê-lo à luz de seu contexto pessoal. Então o texto se metamorfoseia.

Você me conta que ficou impressionada com meus escritos, que se sentiu tocada. Gosto de saber que eles provocaram um movimento, e me sinto responsável por lhe escrever sobre coisas que façam sentido nesse momento de sua vida. Então me ponho a pensar.

Dizem os manuais que psicólogo não dá conselhos nem troca receitas. Mas, na qualidade de avó, fico livre para tecer comentários e fazer recomendações.

Acho que procuraria viver muito bem, colocando intensidade em tudo que fizesse. Observaria tudo ao meu redor, fazendo um arquivo de histórias e imagens bonitas, para recorrer a elas em tempos difíceis, de penúria, quando fosse necessário.

A nossa profissão nos leva até situações pesadas, e é bom ter um baú de coisas bonitas guardadas.

Conversaria bastante com todo tipo de pessoa, estimulando-as a contar histórias, que então seriam bem guardadas para algum uso no futuro. Apreciaria com gosto e em detalhe todas as paisagens. As humanas e aquelas com que a natureza nos brinda de vez em quando.

Leria muito, não me dedicando somente a livros técnicos. Com certeza escolheria bons romances. A linguagem poética consegue dar conta do fenômeno humano com estilo e veracidade. Assistiria a bons filmes, de autores que sabem contar bem uma história. Escreveria muito, mesmo que não fosse para mostrar a ninguém. Para ensaiar a expressão. Para libertar o peito, alvoroçando os sentimentos que ali habitam.

Você me diz: "Reencontro emoções passadas, algumas boas, outras já empoeiradas, situações que já aconteceram há anos e que ficaram naquele porto isolado".

Sentimento alvoroçado dá um trabalho danado, mas liberta energia, liberta cores. Liberta dores. Liberta a vida.

Já pensou num mundo sem vida, sem cores? Precisamos de chuva e de sol para que o espetáculo do arco-íris se manifeste em toda sua pujança.

Um abraço para você. Com carinho,

Jean

CARTA PARA UM NOVO AMIGO

Meu amigo,

continuando as nossas conversas internéticas, recebi seu e-mail e demorei um tempinho para respondê-lo. Afinal, não é qualquer resposta que está em pauta aqui, não é?

Enveredamos por um caminho de buscas, principalmente aquela da procura de expressão de coisas que nos são muito caras e importantes, e isso leva tempo e inspiração.

Fiquei matutando sobre o fato de, por conta do Encontro Nacional de Gestalt, termos começado a nos corresponder. E de você, que não conheço pessoalmente (ou será que posso dizer agora que conheço um pouco?), ter me feito uma pergunta a respeito do sabor de ser terapeuta.

E assim, sem o saber, provoca uma comichão, libera uma energia enorme, e saio em busca das minhas respostas, como se eu estivesse ali, num final de tarde, numa encruzilhada, só esperando que alguém me perguntasse justamente isso!

Você conhece a história "O segredo do curumim?" É sobre um indiozinho que gerava muita preocupação nos pais porque não queria aprender a caçar. Ele era muito quietinho, sabia olhar as coisas, era amigo dos bichos – tanto que o que ele realmente sabia fazer era destrancar *o segredo da onça*. Ele era muito amigo de uma "oncinha pintadinha", e o pai dele, com sua experiência de vida, sabia que ela se tornaria uma "onçona pintadona". Daí... (Fica para mais tarde, senão perde a graça.)

Quando percebo com que atenção você me lê, fico com muita vontade de escrever. Porque estou dialogando, e o diálogo é o que importa, é ele que vai destrancando o segredo da onça.

A gente precisa estar consigo mesma e, ao mesmo tempo, se estender até o outro. Ao me preparar para responder já fui até você; fosse quando sentei à frente do computador, pensando, fosse escrevendo e fazendo força para ser bem clara, para ser bem entendida.

Você me faz lembrar um amigo muito especial. Ele faz parte do time dos compadres. Nós nos acompanhamos pela vida. Quando a coisa é importante, ele me chama, e vice-versa. Falamos da vida, nos damos conselhos, damos palpites, receitamos pomadas, poções, unguentos.

Sempre com o objetivo de apoiar o outro num caminho que a gente sabe que vai dar em colheita abundante e fértil. Quando a gente trabalha junto em um *workshop*, por exemplo, e por acaso eu digo alguma coisa (por incrível que pareça, eu, que sou/estou tão escrevente, não sou muito de falar...), ele para o que estiver fazendo e diz: "Fala mais disso!", abrindo-me espaço para coisas que nem eu suspeitava que estivessem ali presentes.

Por sua vez, quando ele escreve alguma coisa, chega todo alegre, como se estivesse carregando uma criança novinha no colo. E está! Traz-me logo para ler. Você já ouviu falar de médiuns que *psicografam* escritos de outras pessoas que já não habitam entre nós? Pois é, ele costuma dizer que eu *psicoleio*.

Leio o texto, o pretexto, o subtexto, o supertexto, o hipertexto, o infratexto. É a marca da profissão.

Eu acho meio esquisito ele dizer isso, porque é assim que todo mundo gostaria de ser lido, você não acha?

Você se queixou do seu carma aquariano, de ter sempre um pé no futuro, com dificuldade de ficar no presente. De estar sempre lá na frente. Você já reparou como o tempo está mudando? Agora o presente está tendo de se e-s-t-i-c-a-r para que nele caibam mais acontecimentos. Conheço bem uma aquarianinha, a Alice, de quem já lhe falei na outra carta, minha netinha. Ela tem sempre os dois pés no futuro. De vez em quando tenho de segurá-la pela barra da saia, porque, quando vejo, ela já se foi. Pumba! Lá está, na ponta do arco-íris... Mas que o defeito não é dela (claro!), eu é que sou lenta...

Na sua mensagem, você começa a caminhar pelas veredas dos sabores e cores que descrevi na outra carta a respeito do ofício de ser terapeuta, e abre mais caminhos a ser pesquisados. Para ficar mais claro, o que está em itálico são citações de sua resposta.

Ser terapeuta é igualzinho a ser um cozinheiro de restaurante. Querendo dizer que as pessoas consomem a comida e não têm a mínima noção da pessoa por trás daquele prato. Aqui você chegou bem perto. Mas dá vontade de ser maldosa e comentar com você a respeito de pessoas que chegam ao restaurante e tranquilamente mastigam o cardápio, achando que estão se alimentando do melhor dos farnéis...

Talvez sua profissão seja mesmo igual à de um professor. Aqui também você chegou perto, na medida em que as turmas passam, se formam e o professor fica. Não se gradua nunca, já pensou? Só fica visitando festas de formatura de outros.

O terapeuta é um padre. A pessoa chega, entra no consultório/confessionário, fala tudo aquilo que ela pensa que é pecado e tu a absolves na condição de que ela continue a pensar exatamente como quando entrou! (Risos.) Não é um paradoxo? Aqui realmente está quente. Porque, de fato, as pessoas chegam ao consultório querendo mudar ou falando muito que querem mudar. E o trabalho conjunto consiste em convidá-las a ser fiéis a si mesmas, ficando cada vez mais parecidas consigo próprias!

Coisa estranha esta tua profissão. Cheia dos sabores. Cheia das possibilidades. Cheia de possíveis disfarces e deslizes. Condenada à solidão pessoal pela proximidade com a alma alheia. Abençoada em alguns encontros. Aqui, meu amigo, sua flechada foi certeira. A sua descrição (ou indiscrição) chegou ao âmago da questão. Ao permitir que o outro se encontre consigo mesmo, é como se a gente quase nem existisse, nem respirasse, ocupando o menor espaço possível, cedendo toda a nossa energia para que o outro faça o seu trabalho.

E o milagre acontece! E depois você fica vendo os dois felizes, pela rua, ele e o consigo mesmo passeando contentes por estar juntos, quem sabe indo tomar sorvete.

E você fica querendo isso para si! A vida nos prega peças, porque quando os alunos estão prontos, vão embora. O mesmo acontece com filhos. E com os clientes. Quando atingimos o ponto do diálogo, é hora de nos separarmos...

Acho que vou começar a me rebelar. Vou "desensinar" tudo de novo. Resolvi. Pronto.

Continuando, você acha que ser terapeuta também inclui uma *pitada detetivesca*. Isso também é verdade. A descrição que você faz de Mrs. Marple, personagem de Agatha Christie, combina bastante bem com alguns momentos meus: "Uma senhora simpática, que gosta de jardinagem, tem alguns conhecimentos sobre remédios, de fleuma calma e olhar observador e que é a detetive de tramas e tramoias".

E aí você pergunta, como quem não quer nada, se gosto de jardinagem. A resposta é sim, eu gosto muito!

No jardim do meu consultório reside o segredo de minha atitude zen. Aliás, esse é um dos segredos – e terapeuta tem tantos segredos... Qualquer situação inacabada vai para a terra e é regada com bastante água. E haja água!

Outro segredo reside na aquarela. Quando estou encafifada, pego um papelzão e *splash*, lá vai cor! Faço um esparramo de cores até me acalmar, quando então pego um papel pequenininho e pinto coisas delicadas, com algum nexo.

Gosto muito de iquebana também. O que dói é a atitude da minha mestra. Eu levo um século para conseguir uma composição que fique inteira, plena, colorida no ponto certo, e mostro a ela. Ela me pede para mostrar também aos outros alunos e, quando estou toda orgulhosa da minha produção, sem dó nem piedade ela me manda desmanchar e fazer de novo!

O que eu a-d-o-r-e-i na sua resposta foi o fato de você ter percebido outros sabores que não estavam explícitos, mas teimam em aparecer independentemente da nossa vontade. Será que aí também tem detetive? Isso está ficando divertido!

Quanto ao restante da sua carta, vejo uma porção de estradas a ser percorridas. Como hoje está um lindo dia de sol, e sol dá preguiça, escolhi essas.

Outro dia passeamos mais, tá? Obrigada por me ler/ouvir de modo tão atento, assim fico bem acompanhada. Que você tenha um dia lindo.

Sua amiga,

Jean

PARTE 2
REFLEXÕES SOBRE A VIDA E OUTROS ESCRITOS

O ANTIQUÁRIO

É tempo de Natal. As ruas da cidade estão lotadas de pessoas apressadas, cheias de pacotes. Todas as lojas estão vestidas de festa, decoradas, coloridas e com muitas luzes.

Mesmo tendo uma opinião contrária a essa correria toda – dizendo que todo esse festejo não passa de um recurso de propaganda para incentivar o consumo – eu também estou na rua, numa grande avenida de uma cidade muito importante, atordoada com os barulhos, com as buzinas e com o mau humor dos motoristas...

Estou quieta, apesar do clima ao redor. Amanheci assim, pensando. E, quando fico encafifada, tenho de fazer isto: andar ao léu, só olhando, percebendo o que me chama a atenção. Tenho de sair da avenida, ela não me diz nada. Então dobro a esquina e entro numa rua menos movimentada, onde consigo respirar melhor.

Sinto-me agora mais confortável e começo a libertar imagens, lembrando de outros natais, do clima de expectativa, dos cheiros que inundavam a casa, od calor do forno ligado, de providências e compras de última hora.

O banho caprichado, os sais coloridos, o perfume favorito, a roupa nova. E a espera de quando é que os convidados vão chegar? Naquela época, eu entrava num espaço pessoal muito rico, que hoje reconheço como o verdadeiro espírito de Natal.

Olhávamos para o céu em busca da primeira estrela – "Primeira estrela que vejo, realize o meu desejo!" –, e aprendíamos a aproveitar o momento para destrancar os desejos e fazer pedidos. Aqueles bem secretos, que a gente não conta pra ninguém. E, naquela hora, na intimidade de nossa familiazinha, tomávamos o melhor vinho, que havia sido guardado para a ocasião. Havia uma bandeja com copos altos de cristal, e o primeiro brinde era feito assim, na inspiração dos desejos.

Minha mãe então se transformava numa fada que contava histórias, às quais ouvíamos com o coração. E histórias ouvidas com o coração a gente não esquece. Ela sempre dizia que todos tinham um guia invisível, uma espécie de anjo da guarda. Quando ela repetia isso, todos os medos que insistiam em me assolar desapareciam. Segundo a minha mãe, meu anjo protetor era uma menina da minha idade. E, se eu fosse capaz de ser boazinha, paciente, mantendo o coração bem limpo (o que seria isso?), essa menina se manifestaria de alguma maneira, deixando um sinal.

Eu perguntava como entrar em contato com ela; gostaria muito de vê-la, para ter certeza de estar acompanhada. Na casa grande onde morávamos, muitas vezes eu me sentia muito só. E às vezes com medo. A madeira dava uns estalidos estranhos e eu voava escada acima para chegar logo. Coração quase saindo pela boca, metia-me na cama, que era meu refúgio, cobrindo a cabeça com a coberta. E lá ficava imóvel e de olhos fechados. Não preciso dizer que a coragem se esvaía totalmente! Eu achava que se estivesse bem coberta não veria ninguém – nem gente, nem guia, nem espíritos, nem anjos!

O pior vocês não sabem, minha mãe dizia que, quando fosse a hora certa, esconder-se de nada adiantaria, pois os tais anjos podiam ser vistos até se estivéssemos de olhos fechados.

Já o Papai Noel era coisa séria. Eu acreditava nele e alimentava essa crença, curtindo sua imagem e travando diálogos com ele durante todo o ano. Podia vê-lo a trabalhar em sua oficina, pensando com carinho nas crianças para as quais confeccionava brinquedos de madeira. Sonhava com ele e teria o maior gosto em vê-lo pessoalmente. Acreditar nele me inspirava confiança, era como se aquele contato me protegesse de personagens maus que de vez em quando me assustavam.

Todo Natal eu fazia força para não dormir, porque queria muito encontrar o Papai Noel. E num desses natais minha mãe, ao colocar os presentes aos pés da cama, tropeçou no violão que eu ia ganhar, fazendo o maior barulhão e me acordando! E eu, que tinha tanta necessidade de crer nele, fiquei tão decepcionada!

Envolvida com essas lembranças, enternecida com as cenas que passavam tão vivas pela minha memória, quando dou por mim estou numa ruazinha estreita e escura. Eu nem percebera que já havia anoitecido.

Fico olhando as casinhas e vejo uma com um velho toldo verde. Curiosa, caminho até ela e chego à vitrine de um antiquário. Eu, que adoro vitrines com um monte de coisinhas, especialmente se forem bem inúteis, fico encantada com tanta beleza exposta. Passo um bom tempo olhando, xeretando e procurando ver se tem alguém dentro daquela loja.

A luz lá dentro não é muito forte, mas, prestando bem atenção, vejo que há um velhinho muito velhinho lá no fundo. Resolvo entrar e ver o que existe lá dentro. Sempre que entro num antiquário, sinto uma energia pesada, que emana de cada objeto de lá. Acho que é porque os objetos expostos foram de pessoas que se apegaram a eles e, se hoje estão ali, foi devido a uma situação traumática (seja porque seus donos faleceram, seja porque tiveram de vendê-los para amealhar algum dinheiro para auxiliar nas despesas...). Aprendi, nessas circunstâncias, a fazer uma pequena oração respeitosa dirigida aos donos das peças.

Vou ao fundo da loja e me aproximo do velhinho, de óculos na ponta do nariz, que me aguarda com calma e a maior curiosidade. Eu também tenho muita curiosidade a respeito dele. Aprendi que os antiquários têm o dom de enxergar além do imediatamente perceptível. Têm o dom de perceber a arte existente, apesar de todos os maus-tratos que as peças sofreram. Eles são capazes de visualizar como elas podem vir a ser e daí então trabalham, raspam, pintam, reciclam até revelar o seu valor.

Isso me faz pensar em Michelangelo, pintor e escultor renascentista, que dizia – com a maior simplicidade – que suas esculturas já estavam ali, contidas no mármore, era só empunhar a talhadeira e tirar os excessos para libertá-las. (Isso não é parecido com o nosso trabalho de terapeutas? Ter a capacidade de estar bem presentes e atentos à pessoa sofrida que está diante de nós e, ao mesmo tempo, intuir e vislumbrar a beleza que ela pode vir a revelar.)

O velhinho me dá boas-vindas e me incentiva a ver todos os objetos expostos com calma, atentamente. Comento que são tantas coisas que a gente se perde, fica difícil escolher. Ao que ele retruca: "Não se preocupe, não é você que vai escolher um objeto, é o objeto que vai escolher você!"

Como aprendi a não estranhar mais nada nesta vida, vou fazendo o meu percurso. Dito e feito! Vou olhando tudo, paro um pouco aqui, um pouco ali, quando de repente me vejo frente a frente com uma aldrava de bronze.

Você sabe o que é uma aldrava? É aquela peça de metal, em geral de latão ou bronze, em forma de mão fechada, colocada na porta de entrada em algumas casas. Ela vem do tempo em que não havia campainha.

Fico um bom tempo examinando a peça; lembrando-me da casa de minha avó, com o portão em arco, uma simpática escadinha de pedra branca dando para o jardim colorido com muitas flores; havia um caminho de pedriscos que faziam um barulhinho e cócegas deliciosas no pé quando nos dirigíamos para a porta com a aldrava. Sempre bem polida e brilhante, dando boas-vindas aos visitantes. Um calor aquece meu peito, e tenho a certeza de que é aquele o objeto escolhido.

O velhinho me observa com muita atenção, seguindo o meu movimento interno, as emoções presentes, o acalento que vem com as memórias.

Tenho certeza de que o preço da aldrava é muito alto para as minhas posses. Que atrevimento o meu de entrar num antiquário! O que estou pensando da vida?

Parece (não, tenho certeza) que ele andou lendo meus pensamentos, sendo capaz de ver para além das aparências, e responde:

"De fato, essa peça é muito cara. Vamos ver se você é capaz de pagar por ela".

Fico aguardando suas condições, e ele diz: "Essa aldrava de bronze é mágica; é capaz de abrir qualquer porta. Além disso, vê através da aparência das coisas e pessoas, ora conseguindo vislumbrar a preciosidade, ora a monstruosidade que existe em tudo. Não vou lhe pedir dinheiro. Mas o preço é ainda mais alto. A condição é que você pense em alguma coisa que lhe seja muito importante e querida para trocar por esta aldrava".

À primeira vista, pensando apenas em termos convencionais, acho que não disponho de nada tão valioso para semelhante troca.

E fico pensando, pensando. Se a aldrava é mágica, sendo capaz de abrir as portas mais difíceis, além de me tornar capaz de ver além das aparências, ficarei mais forte, mais poderosa. Mas a responsabilidade vem junto.

Então me lembro do sentimento bom que me invade de vez em quando, nos momentos em que estou harmoniosamente íntegra. Em que não estou buscando nada. Sinto-me em paz e nada me falta. Portanto, o que sinto tem gosto de plenitude e de liberdade.

Fico tentada a trocar a aldrava pela minha liberdade interna, tão calma e preciosa. Que fazer? Vejo-me caminhando em círculos, pensando. É uma peça que pode me facilitar a vida. Mas a troca talvez gere uma perda tão grande...

Resolvo me achegar a ele, sabendo que com esse meu movimento de vaivém estou abusando de sua paciência. E compartilho minha dúvida: "E se eu ficar cansada de enxergar o mundo e as pessoas destrancando seus segredos e quiser a minha sensação de liberdade de volta?"

Ao que ele responde com um sorriso tranquilo: "Está bem, vou lhe adiantar um segredo. E preciso de sua total confiança. Faça de conta que é o tão querido Papai Noel da sua infância que está falando com você. Com anos de uso da aldrava mágica, de estar com as pessoas de modo transparente, ajudando-as a usar suas melhores qualidades, você estará ao mesmo tempo ensinando e aprendendo uma porção de coisas. Chegará o momento em que pessoas especiais, curiosas e cheias de perguntas como você, buscando respostas para suas ansiedades, virão visitá-la. Você, auxiliada por toda sua experiência, poderá ser para elas alguém especial, do tipo anjo da guarda, que acolhe e espera. Sempre haverá alguém em busca de um objeto ou ideal, desejado há muito tempo. Você então terá escolhido e colecionado seu antiquário, cheio de imagens, objetos e histórias fascinantes. E, ao explicitar seu desejo, a pessoa lhe dará algo precioso em troca, e você nunca mais se sentirá vazia".

Afinal, o grande segredo é a troca, que nos enriquece, mantendo assim a roda da vida em movimento.

UMA MENINA CHAMADA LULI

Houve um tempo em que pessoas de certa religião afirmavam que, antes de nascermos, escolhíamos a nossa família e o tipo de vida que íamos viver. Uma prova deste fato está na história dessa menina.

Era uma vez, neste tempo muito distante, uma menina muito esperta, que morava no Mundo dos Possíveis. Ela já estava cansada de morar lá, com toda aquela quietude e toda aquela paz. De lá ela podia ver o que acontecia em outros lugares. Decidiu então que queria habitar a Terra, onde tudo lhe parecia interessante, onde as pessoas faziam coisas diferentes e fascinantes todos os dias.

Ela usou da seguinte estratégia: postou-se na frente do portão do seu mundo e lá ficou, atenta às pessoas que passavam. Ela havia decidido que escolheria um casal bem bonito e se tornaria filha deles. Era fácil passar despercebida, uma vez que ela pertencia a outro reino e era invisível para pessoas que não viviam no Mundo dos Possíveis.

Esperou que passasse muita gente até se decidir.

Foi aí que ela viu, chegando devagarinho, um casal lindo que passeava na floresta vizinha do seu mundo, distraídos um com o outro, falando baixinho e trocando segredos – estando muito felizes juntos.

A moça era uma linda princesa, tinha longos cabelos cor do sol, sabia dançar e também voar, e sua roupa, tão fininha, colorida e leve, desenhava arabescos no ar. Ah! A pequenina observou também que ela sabia abraçar muito bem. Parece simples, mas não é. Sabe aqueles abraços gostosos, em que a gente fica aninhadinha no outro? Pois era assim que a princesa sabia abraçar.

O namorado da princesa era um príncipe, alto, corajoso, sabido e que gostava de montar a cavalo e galopar por lugares longínquos nunca dantes visitados, principalmente aqueles que ficavam nas Terras Altas.

Em seu esconderijo, Luli (esse era seu nome) viu que o coração do príncipe era do tamanho dele mesmo e, portanto, ia caber muito amor lá dentro... Amor esse que ele facilmente distribuiria entre os seus queridos (ela podia ver através das pessoas...).

Ele parecia ser muito sério, mas uma piscadela vinda da pessoa certa já servia de convite à brincadeira. Ele sabia brincar de coisas divertidas, como andar pelo mundo afora, procurando a ponta do arco-íris, munido de sua flauta, que ele tocava enquanto descansava no alto das montanhas, celebrando com música a beleza das paisagens sempre novas que encontrava nas andanças.

Luli decidiu que eles eram perfeitos para ser seus pais. Quando eles se distraíram, pumba, entrou no meio deles. E foi assim que se tornou humana, podemos dizer humaninha, pois veio habitar a Terra na forma de um lindo bebê.

Foi uma revolução geral nas Terras Altas. A chegada da pequenina provocou tumulto, porque as pessoas sabiam que chegaria uma pessoinha muito especial e danada de levada. Gente correndo em círculos, se trombando, e a pequenina pedindo leite e distribuindo mimos àqueles que a interessavam.

Tanta era a sua energia e vontade de conhecer o mundo que ela insistia em ficar acordada de noite também. Ao seu redor, todos insones; ela, resplandecente e feliz.

Luli trouxe consigo um baú de histórias, que brotavam sem fim e eram repetidas à exaustão, para que todos percebessem bem o sentido delas. Frequentemente deixava suas histórias aos nossos cuidados e ia explorar o mundo. Ela nos hipnotizava sem que nos déssemos conta e ia tratar de assuntos mais importantes.

Nós, que pensávamos haver esquecido de como era o gosto de brincar, devagar fomos recuperando uma alegria que estava guardada bem no fundo, debaixo de um monte de almofadas – e essa alegria saía borbulhando, provocando cócegas e gargalhadas.

O príncipe, que era um tantinho tímido, de repente deu para cantar as músicas que ela pedia e chegava a inventar algumas por conta.

Bem que a tia Ismênia, que sabia coisas misteriosas, havia previsto que a Luli ia dar muito trabalho, pois estava muito além de seu tempo e estaria sempre com um (às vezes dois) pé(s) no futuro.

Ela tinha por hábito tomar a mão da Avó e perguntar: "Vovó, o que é que a Luli quer?" E lá iam as duas pela casa, abrindo portas e mais portas, abrindo armários que continham segredos e muitas coisas preciosas, que estavam guardados havia muitos séculos. Abriam também gavetas e mais gavetas...

E a Avó se lembrava de ter feito o mesmo percurso com o pai dela e com o tio Sol. Já falei dele?

Ele também era um príncipe. Sorridente e falante, quando entrava pelos salões do castelo todo o ambiente se iluminava. Ele tinha um sorriso que derretia os corações mais empedernidos.

Adorava fazer música e dançar, e Luli descobriu logo que bastava mexer a cabeça e os dois já estavam dançando. Havia entre eles uma espécie de mágica: assim que a música começava, a cada rodada o vestido dela mudava de cor, porque ela não conseguia se decidir por uma cor só.

Curiosa, ela queria saber de todas as coisas, dando um jeito de colocar sua marca em tudo que via. Transformava magicamente cores e sabores. Isso ela já sabia, mas aprendeu mais ainda com tia Madá, que parecia uma bruxinha de tanta coisa que produzia no seu caldeirão. Essa tia sabia falar a língua de gente pequenina, e sempre que ficávamos embasbacados sem entender o que Luli queria, ela dizia: "É muito simples, basta ficar do tamanhinho dela que vocês vão entender tudo!"

Cada porta abria espaço para um cenário diferente, para paisagens de sonho. Algumas se abriam para uma grande festa de aniversário, daquelas que se fazem quando a criança é muito amada, com direito a brigadeiro de colher e bolo feito por fada madrinha, docinhos coloridos e muita música gostosa de dançar, vestida de princesa.

Outra porta se abria para um jardim florido, perfumado, cheio de pinheiros altos, com cachoeira jorrando água tão cintilante que parecia ser feita de prata.

Ainda outra se abria para uma lua enorme e redonda, com estrelinhas cintilantes brincando de pega-pega. Os raios de luar teciam uma trama de fazer os rapazes e as mocinhas se enroscar uns nos outros...

Foi assim que tio Sol foi encantado pela fada Lua, tão linda que era, toda cor-de-rosa. Ela sempre trazia uma bolsa cheia de ervas cheirosas, que eram magnificamente misturadas e produziam perfumes irresistíveis – capazes de fazer as artes mais arteiras.

O segredo surpreendente é que, cada vez que se abria uma porta, o cenário se transformava.

A Avó ficava ao lado de Luli enquanto ela tomava conhecimento das coisas do mundo, podendo então fazer suas escolhas. Função de Avó é essa mesma, ficar ao lado e garantir calma suficiente para que o novinho faça perguntas e fuce portas e gavetas à vontade. Luli de vez em quando dizia: "Vovó, eu tenho medo da Bruxa, você também tem?" E a Avó respondia: "Tenho sim, a Bruxa é para ser respeitada e só enfrentada quando a gente fica maiorzinha, e você tem tempo para isso." E lá iam as duas pelo caminho da busca...

Luli adorava visitar a casa da Tia-Avó (nome bem esquisito para chamar alguém da família... mas dizem que tem de ser assim, então vamos lá!). Nessa casa, era tudo muito arrumadinho, tudo pequenininho. Mas o principal cômodo da casa, do qual Luli mais gostava, era o banheiro.

Quando chegava o final da tarde e ela já estava cansada de tanto ver e perguntar e falar e correr e imaginar e sonhar, e fazer gente grande rir, quando por cansaço ela ia se encorujando, aquele era o momento mágico em que a Tavó (nome novo para a dona daquela casa) tomava Luli pela mão e subiam bem quietinhas para o banheiro.

Lá estava a banheira, que à primeira vista era bem comunzinha. Mas quando a porta se fechava e elas ficavam sozinhas, se tornava um lago perfumado e quentinho, que fazia lembrar a barriga da Mamãe.

E vinha uma porção de anjinhos para nadar com ela, brincando de esparramar água por todos os lados A Luli esparramava um xampu especial nas suas asinhas para que elas ficassem bem brancas e macias. Brincavam que brincavam. Quando os anjinhos eram chamados de volta para o Céu, ela concordava que era hora de sair do banho.

E aí ela se renovava, descia linda, descansada e cheia de vontade de pesquisar mais o mundo.

Por falar em pesquisa, o Vovô é que sabia tudo a respeito disso, e era inventor, inventava jeitos de ver coisas bem pequenininhas, sempre com sua lupa fuçando o mundo, e mostrava aos outros coisas que ninguém via. Ficava muito bravo quando alguns pobres de espírito não viam o que ele estava mostrando.

Por isso, quando a Luli vinha contar que havia visto uma coisa bem estranha, ele acreditava. Ele não era especialista em ver coisas invisíveis e mostrar a importância do que havia visto? Pois então, a tarefa do Vovô era concordar com a neta e ficar todo prosa, todo orgulhoso.

Quando ela ia visitá-lo, ele não deixava ninguém dormir com a Luli, porque só ele queria colher os sonhos sonhados por ela quando saíam bem fresquinhos a inundar o quarto, e enchê-lo de novas ideias e novos personagens.

De vez em quando, em ocasiões muito especiais, todos se reuniam em torno dela e brincavam de ciranda, cirandinha, de mãos dadas.

Sabem o que acontecia, então? Ficavam muito felizes e podiam fazer exercício de dançar, de cantar, de rir, de abrir portas e gavetas, de perguntar tudo, de perfumar o ar, de voar, enfim, todos aprendiam com todos.

Eles podiam, um de cada vez, trocar de posição, experimentando ser do jeito do outro, e até experimentar ficar do tamanhinho da Luli e com a inocência dela, vendo o mundo do jeitinho que ela vê, onde tudo é precioso e novo.

Viram só o que faz a chegada de uma pequenina enxerida em terra de gente grande esquecida do que é brincar?

Hoje ela cresceu, é alta e esbelta, delicada, sabida e capaz de realizar tudo que deseja. Tem longos cabelos castanhos encaracolados, olhos castanhos que não perdem nada. Repara em tudo!

Hoje, é ela que se diverte brincando com as crianças ao seu redor. O que será que ela vai escolher como profissão? Tenho certeza de que a escolha será acertada.

DUAS MENINAS E A CAIXINHA DE SONHOS DA INFÂNCIA

Ela se vai mesmo. A menina tão amada vai se mudar de cidade. Pior ainda, de país. Seus pais, também tão amados, me dizem que será por apenas dois anos, que terminados os estágios devidos voltarão ao Brasil. Mas de vez em quando deixam escapar que ficarão dois anos e meio, três...

Nós, que sempre fomos tão unidos, ficamos sem palavras. Afinal, é uma oportunidade imperdível. Ficamos a meio caminho entre o orgulho da trajetória deles e a sensação de perda, de separação. Não dá nem para protestar. Nesse momento, sinto um frio percorrendo a coluna, e eu, que já sou quieta, fico mais quieta ainda.

Porque bem sei que, ao colocar o sonho em palavras, a alma deles já está lá. Sonham que tudo de bom vai acontecer no lugar sonhado. (Aí mando um recadinho para que os anjos digam amém...) No processo de desligamento, aos poucos começam a tirar o afeto daqui, para realocá-lo no projeto de vida nova. Esqueço-me de que o estranhamento, a dor, a força para dar conta da mudança vem de ambos os lados. A diferença é que, para dar conta disso, eles têm de fechar um pouco o coração, senão não saem do lugar. Para eles também tudo é novo. É um risco que depende de muito foco, muita lucidez, muita maleabilidade.

Nada que possamos fazer é capaz de chamá-los de volta.

Tenho vontade de argumentar: "E nós, como é que ficamos?" Nós que, durante todos esses anos empenhados em criar filhos e agora ajudando a cuidar da neta, nos especializamos em prestar atenção, providenciar, adivinhar, criar climas, inventar moda. Que vamos fazer com o tempo em que prazerosamente ficávamos ocupados com eles?

Algumas lembranças

Sendo avós e, portanto, veteranos, podíamos transgredir algumas regras. Buscar a pequena na escola era uma festa. Não se tratava apenas de buscá-la: era um piquenique, os discos contando historinhas no caminho de casa, era o banho com direito a ficar na água quanto quisesse, deixar de lavar o cabelo porque estava com preguiça... Jantar na sala com sua mesinha, coisa que seu pai e seu tio sempre foram proibidos de fazer.

Pequenas providências, a corrida à casa deles se alguém falava em gripe, depois do jantar nos apressávamos em levar remédio, chazinho, quem sabe um pequeno presente... Todas essas coisas e esses gestos nos transformavam em seres mágicos capazes de curar qualquer machucado com um beijo.

E o que fazer de nossa casa na segunda-feira, tão em ordem, tudo no lugar? Nunca pensei que teria saudade do campo de batalha em que se transformavam todos os cantos da casa, onde ficávamos a semana inteira encontrando vestígios da presença de cada um.

E a nossa dificuldade em ir até o supermercado, nosso lugar encantado? Não íamos lá apenas para comprar o que faltava, não era banal assim. Aquele era o lugar de onde trazíamos surpresas para cada um. Um gosta mais disso, o outro gosta daquilo, mas ela gosta daquilo outro.

A escolha do xampu com o perfume que ela gostava, aquele que não deixava os olhos arderem e, apesar do preço alto, frequentemente servia para lavar o boxe, que ficava bem ensaboado – e perfumado também. A importância da escolha do condicionador que não deixa os cabelos emaranhados, portanto mais fáceis de adulto pentear sem perder a paciência.

Enquanto penso e sinto essas coisas, o tempo vai passando em ritmo de silenciosa despedida. Acompanho-a no passeio pelo parque, ela com sua bicicleta nova, acabando de tirar as rodinhas. O pedalar firme faz doer os seus músculos, porque o terreno é muito acidentado e irregular. Observando seu esforço, tenho uma ideia. Que tal irmos até a marquise, que tem um chão bem lisinho, ideal para meninas em fase de luta com sua bicicleta?

Inicialmente ela resiste, quer fazer um percurso mais heroico, bem difícil, para depois poder ficar contente com seu feito.

Devagar vamos chegando lá. Ela, um pouco amuada – não gosta de ser interrompida –, mas vamos ver. Colocada a bicicleta no chão lisinho, primeiras tentativas de pedalar e, de repente... A bicicleta ganha velocidade, fazendo seu cabelo voar. Em seguida o olhar dela para nós, brilhante, compartilhando sua descoberta. Ganha espaço e velocidade!

Essa descoberta me emociona. Fico feliz e engasgada. O que é isso que me pega com tanta força?

Prestando atenção nas imagens e nos sentimentos que insistem em se tornar presentes, aparece com muita nitidez uma cena de minha infância. Eu tinha mais ou menos a mesma idade que ela e uma bicicleta maior. Estava nas primeiras lutas com minha bicicleta – preta, meio enferrujada, mas com uma cestinha. No início, eu me desequilibrava e fatalmente ia bater contra o muro áspero que havia na frente da casa. Mas, muito cabeça-dura, dispensei qualquer ajuda e fui tentando, tentando até conseguir! E eis-me descendo, na maior velocidade, toda feliz, uma ladeirona que havia perto da casa da minha avó.

E que felicidade ao conquistar a possibilidade de ir cada vez mais longe!

Com as moedas que minha avó punha no meu bolso ao sair, comprava uma barrinha de chocolate. Munida do chocolate, do cachecol colorido e da vontade de experimentar novos caminhos, lá ia eu, ladeira abaixo, passear pela ilha, pelas fazendas e casas tão arrumadinhas que pareciam ser de brinquedo.

A cada dia eu visitava um lugar diferente! E a paisagem tão agreste daquela ilha era muito linda! Meu coração dançava de alegria, e eu me sentia confiante. Naquele final de férias, ao me preparar para voltar para casa, nenhuma roupa me caía bem. Sem que eu me desse conta, meu corpo havia se transformado. Eu havia crescido, estava alta e delgada.

Naquelas férias eu fiz uma passagem importante. As pessoas que me viam passar, tão feliz, acenavam me desejando bom-dia, tirando o chapéu para mim. Daí para a frente, ninguém mais me segurou. Sempre estive ocupada em descobrir paisagens novas e bonitas pela vida. Sempre buscando.

Essas imagens, que estavam guardadas na caixinha de memórias felizes, agora tão vivas em minhas lembranças, me colocam novamente no prumo. E agora, conversando com a minha menininha querida, bem baixinho, conto a ela que foi por compartilhar o seu esforço para aprender que recuperei cenas tão importantes da minha infância.

Esse é o seu sétimo aniversário, quando dizem que agora ela está nascendo para o mundo. Portanto, um aniversário muito importante. O meu presente é desejar que ela descubra o mundo livremente, com sucesso, sem olhar para trás. (Cá entre nós, durante muito tempo, sem que ela perceba, sempre haverá um de nós olhando de longe, torcendo por ela.)

Seu pai me conta com muita alegria que ela, nesse caminho de conhecer o mundo, canta, dança e desenha o tempo todo – em português, inglês e, às vezes, em "alicês"!

Inicialmente um pouco perdida, encontro-me agora de posse de um presente muito valioso. Que consiste em reaprender a abrir essa caixinha de sonhos da infância, utilizar bem o antigo – selecionando e discriminando o enferrujado – e ir ao mundo de olhos novos.

Com a sensação adorável de que também sou capaz de definir aquilo que necessito e de lutar para buscar no mundo aquilo que desejo.

E quero combinar com ela, também, que não vou mais ficar triste pela distância que existe entre nós. Como ela mesma diz: "É simples, você vai ver".

Hoje me dei conta de que, quando eu estiver com muita, mas muita saudade mesmo, posso perfeitamente pegar minha bicicleta, meu cachecol, meu chocolate e assim, sem mais nem menos, de surpresa, ir visitá-la.

E por que não?

TEMPO DE PÁSCOA

Querida amiga,

você não avalia como fico feliz ao receber cartas suas. Elas se destacam do resto da correspondência por serem coloridas, com uma linda caligrafia no endereçamento. O que quero dizer é que a sua arte (eu poderia dizer sua alma) aparece bem antes da abertura da carta!

Quando estou ocupada ou envolvida com outras coisas, deixo a carta ao meu lado, guardando-a para aquela horinha especial de quietude, quando vou para o meu escritorinho e, rodeada de livros especiais e fotos da família, me dedico a pensar, a ler para buscar inspiração. Às vezes faço isso diante do computador, mas o clima é outro. Ele exige lucidez e clareza. Aquilo que surge na tela dialoga conosco e nos faz ter de escrever de maneira nítida, quase sem espaço para divagações.

É triste constatar que hoje em dia recebemos na correspondência (que nem é digna desse) tanto papel, tanta besteira, propagandas inúteis, contas para pagar... Enfim, nada que toque o coração.

Não muito antigamente, era um programa ficar esperando a hora de o carteiro chegar. Eu corria, coração batendo forte, com a esperança de ter algo para mim. De certa forma, o carteiro se tornava conhecido, íntimo às vezes, porque acompanhava a ansiedade da espera e acabava sendo o primeiro a ter notícias do conteúdo das cartas.

Esse tema foi tratado lindamente no filme *O carteiro e o poeta*. Nele, Pablo Neruda e o carteiro conversam tanto que a vida dos dois se entrelaça e o carteiro começa a escrever também. As velhinhas da aldeia ficam muito indignadas com a tal da "metáfora", coisa perigosa, capaz de corromper as moças. Outro dia li uma reportagem sobre a amizade de Van Gogh com seu carteiro. Foi esse homem tão dedicado que o acudiu na triste e célebre história da orelha cortada.

Tenho até mesmo uma história de carteiro que me acalenta o peito. Passei minha infância em São Paulo, com meus pais e irmãos mais velhos. Era uma família pequena, pois avós e tios por parte de pai estavam na Inglaterra, e avós e tios por parte de mãe estavam no Rio de Janeiro ou no Nordeste, lugar de origem da família. O contato era escasso, não se viajava tanto. Em casa, não se falava muito dos "casos" da família. E, quando se falava, era daquele jeito que os adultos fazem, meio sussurrando. E mudavam de assunto quando eu chegava – logo comigo, que adorava ouvir histórias, as quais libertavam a minha imaginação!

Minha mãe e minha tia predileta, educadas que foram em Sion (era assim que se falava do famoso Colégio Sion, e eu achava chique), desandavam a falar francês. Aquele era o aviso de que viria um assunto saboroso e proibido, interditado a ouvidos jovens ou infantis como os meus. E a quantidade de coisas esquisitas e incompreensíveis que se passavam naquela casa não era brincadeira. Eu tinha a esperança de conseguir entender as coisas, extrair algum sentido das conversas delas.

Essa foi a melhor maneira de eu aprender francês. Eu ficava por ali, quietinha, sem aparecer, quase transparente, ouvindo. Muitas conversas tinham o tom saboroso do mistério. Essa minha tia, muito mal casada, aliás (apesar de ter sido educada em Sion, portanto católica) estava enveredando pelo caminho dos espíritos, e contava suas vivências para minha mãe – também muito católica na época, mas que ouvia suas histórias entre encantada e assustada.

Eu, por minha vez, gostava de ouvir minha mãe contar que a primeira vez que ela teve contato com "algum espírito" foi no dia do meu nascimento. De volta ao quarto para se recuperar do parto, ela viu, ao seu lado, um homem alto, moreno. Ele parecia um índio. De braços cruzados, sorriu para ela e lhe assegurou que tudo estava bem.

Era uma presença apaziguadora, silenciosa, que inspirava confiança. Sem pedir permissão, adotei essa figura como padrinho, apesar de ele ser o guia da minha mãe. Muitas vezes eu ficava horas conversando interiormente com ele.

Parte das conversas entre os adultos, naquela época, era a respeito da guerra travada na Europa e das atrocidades e perdas ocorridas, das cidades destruídas, do caos, enfim. Até que, ao término da guerra, começou a se preparar uma longa viagem. Íamos todos para a Inglaterra para conhecer a família. Viajamos de navio. Foram dezoito dias em alto mar. E como balançava aquela embarcação! Lembro-me também de ter ficado impressionada com o mar enorme; passamos uns dez dias sem avistar terra. Havia também um grupo de crianças que falava outra língua que eu não entendia. Que destino! Lembro-me de que levamos enormes malas de madeira, cheias de comida.

Tudo era novo. Na entrada do porto, vistos do mar, os penhascos eram absolutamente brancos. E que efeito teve a nossa chegada! No porto havia uma porção de gente nos esperando. Abraços e beijos, lágrimas, sorrisos. Foi como um sopro de esperança num mundo que parecia velho e combalido. Novamente tive de me valer de meu precioso talento de aprender línguas, pois naquela terra as pessoas só falavam inglês. Eu ficava um pouco encafifada, pois parecia que, cada vez que começava a me comunicar com as pessoas, elas mudavam de língua.

Agora me veio a seguinte indagação: "Será que foi por causa disso que me tornei terapeuta?"

Uma vez conhecida toda a família na casa de minha avó, uma mulher baixinha, muito trabalhadeira, de cabelos ruivos e olhos azuis, fomos de férias para uma ilha que ficava no Mar da Irlanda. Era um lugar agreste e muito lindo.

Eu gostava da hora de almoço. Quando íamos lavar a louça, limpávamos os pratos na grama do jardim, batendo neles com um garfo. Imediatamente, de todas as direções, vinham as gaivotas, em bandos, farfalhando as asas, para comer. E o gramado ficava todo branquinho e vivo.

Mas voltemos à questão inicial, a história do carteiro. Estava chegando o dia do meu aniversário. Eu ia fazer 6 anos. Fiquei conformada, achando que não ia ser celebrada porque estávamos tão longe da nossa casa, no Brasil. E lá havia um complicado sistema de racionamento de comida, com talões para tudo. Uma família tinha direito de comprar um ovo por semana e um pequeno potinho de manteiga. Então, um doce ou outra iguaria qualquer tinha de ser bem planejado. Todos se reuniam para acumular talões, para então conseguir todos os ingredientes.

Enquanto pensava nisso, eu ia colhendo aquelas pequenas margaridas que no verão nasciam na grama, fazendo um longo colar para enfeitar meu quarto. De repente, um som. O pequeno portão se abriu, rangendo, e chegou o carteiro, com um monte de correspondência. Corri para saudá-lo e ele então me cumprimentou pelo aniversário (como será que descobriu?) e me entregou todos aqueles envelopes. Disse que eram para mim. Naquela época, eu ainda não sabia ler direito, mas reconhecia meu nome. Ele mostrou os envelopes todos endereçados a mim! Meus avós, tios, primos, vizinhos e conhecidos, todos me mandaram cartões. Lindos.

Nem preciso contar que me senti a pessoa mais importante e querida do mundo! Eu passava a pertencer a um grupo, que me aninhava. Durante um bom tempo, achei que aquilo era arte do carteiro, e então ele passou a fazer parte do grupo dos meus entes queridos.

Como se não bastasse, o portãozinho rangeu novamente. Era o padeiro, trazendo um bolo cor-de-rosa, todo enfeitado. Com velinhas e tudo. Foi uma linda festa. Fiquei muito feliz.

Hoje, olhando para essa imagem de outro ângulo – ou de um ponto de vista adulto –, posso avaliar o que foi esse gesto por parte de pessoas que tinham acabado de passar pelas maiores penúrias e, ainda assim, foram capazes de renunciar aos seus cupons. Por um instante, o bolo de uma menina vinda de longe fez que elas se encantassem, brincando de fadas, curtindo uma surpresa, dessa maneira esquecendo das feridas que se recusavam a cicatrizar.

Com o projeto de fazer feliz aquela menina estrangeira de 6 anos, minha família se reuniu em torno da alegria de poder retornar ao mundo da imaginação e da fantasia, tão presentes na mitologia celta. Restaurou-se a possibilidade mágica de contar histórias de fadas e gnomos que habitavam as raízes daquele carvalho sagrado instalado num canto do jardim.

E o melhor de tudo é que as cartas recebidas, aquele índio que se tornou meu padrinho-companheiro, as fadas e os pequenos gnomos – e, por que não dizer, o carteiro daquele jardim encantado – até hoje, quando chamados com o coração, se tornam presentes, vindo dançar na minha frente. Eu fico contente, meus pés ganham asas, minha alma desabrocha e a tristeza vai embora. E vou me vestir com um vestido verde bem clarinho. Uma beleza.

Feliz Páscoa a todos. Ressurreição existe.

Com carinho,

Jean

CONVERSANDO COM FREI BETTO

A proposta deste texto é provocar reflexão. Nos tempos de hoje, como profissionais especializados em cuidar da alma humana, como podemos incluir com competência, no nosso trabalho, a realidade social vivida?

Estamos diante da tarefa de não permitir que valores e formas de relação tradicionais sejam desprezados, ao mesmo tempo que tentamos caminhar junto do presente – que tem uma passada tão rápida que nos leva a desabar no futuro.

O desafio é encontrar uma brecha sem que nos ampliemos em demasia, desvirtuando a possibilidade de contribuir com os instrumentos do nosso ofício; uma maneira de intervir sobre aquilo que esteja ao nosso alcance. Não perdendo tempo com desesperanças...

Os mitos, os contos de fadas e os sonhos vêm de um passado ancestral que se mistura ao tempo em que homem e animais conviviam em harmonia e personificavam os poderes da natureza.

Remetemo-nos a uma época em que não havia luz elétrica; ao final da jornada de trabalho, as pessoas se reuniam ao redor do fogo e, iluminados apenas pela luz das chamas, começavam a trocar histórias.

O clima enevoado permitia que imagens surgissem e se compartilhavam fantasias, histórias, sonhos que iam sendo ampliados, detalhados e modificados por todos.

Foi aí que surgiu a figura do contador de histórias, pessoa respeitada e querida, uma vez que era a memória do grupo. Era um tempo em que os invernos e noites eram longos e se trabalhava dentro de casa.

Os contadores de histórias muitas vezes eram convidados para incentivar a produção de jovens tecelãs ou fiandeiras. As tramas das histórias se misturavam aos fios e lãs, produzindo uma mescla colorida e criativa.

Estas histórias passavam de vilarejo em vilarejo, e quem contava um conto aumentava um ponto... Permaneciam heróis e heroínas, encantamentos, bruxas, gigantes, anões, personagens invejosas e poderosas, animais que auxiliavam o caminho do herói. Heróis e heroínas, na sua luta, buscavam e alcançavam algo valioso. Essa trajetória provava o seu valor.

Como acontece em todo trabalho longo e dedicado, essas histórias ganharam profundidade, completude, e suas partes se juntaram de maneira misteriosa.

Apesar das diferenças, as pessoas se reuniam por seu amor pelo Bem, pelo Projeto, pela Sabedoria e pela Devoção, pela alma que almejava coisas elevadas, transcendendo o cotidiano. Era a busca da Árvore Dourada, da Água da Vida, da Derrota do Dragão... Não é inspirador?

★ ★ ★

Vejamos agora o que Frei Betto nos diz em seu texto indignado cujo título é "Aldeias"[5]:

> Na aldeia local, o tempo fluía ao ritmo das estações do ano, do plantio e da colheita, das efemérides, do calendário.
> Na aldeia global, o tempo ganha ponteiros de minutos e segundos, e corre tão surpreendentemente quanto um enfarte.

---

5. O texto – publicado originalmente no *Correio da Cidadania Online* – foi reproduzido com a anuência do autor, e encontra-se disponível em: www.correiocidadania.com.br/antigo/ed111/correio5.htm.

Na aldeia local, a paisagem, através da janela de casa, mudava a cada dez ou vinte anos.
Na aldeia global, ela se modifica, na janela eletrônica da TV, a cada dez ou vinte segundos.
Na aldeia local, os rios estufavam de peixes e as águas límpidas asseguravam saúde.
Na aldeia global, os rios, entupidos de lixo, transbordam doenças e exalam mau cheiro.
Tudo se sabia nas vizinhanças da aldeia local. E pouca informação havia do que se passava além de seus limites.
Na aldeia global, nada se sabe do vizinho de porta, mas fica-se a par de quase tudo que ocorre no mundo.
O sino da igreja da aldeia local mobilizava a comunidade para rezas e féretros, romarias e festas.
Agora, são os indicadores financeiros que, na aldeia global, prenunciam a alegria ou a tristeza das pessoas.
Havia fé em Deus na aldeia local.
Na aldeia global venera-se com fé e esperança a bolsa de valores.
Na aldeia local, todos mantinham entre si relações de parentesco e afeto.
Na aldeia global, predominam relações de negócios e interesses.
Os sábios eram ouvidos na aldeia local.
Na aldeia global, os oráculos da mídia parecem não ter o que dizer ou falam o que muitos não entendem.
As pessoas olhavam-se nos olhos ao se comunicar na aldeia local.
Na aldeia global, a comunicação digital esconde rostos e camufla sentimentos.
"Amai-vos uns aos outros" era o preceito que ecoava na aldeia local.
Na aldeia global, ressoa mais forte o "armai-vos uns aos outros".
Na aldeia local, as vias públicas eram espaços de relações humanas, breves colóquios, flertes, rodas de discussões esportivas ou políticas.
Na aldeia global, ruas e avenidas assustam os pedestres, são palco de violências e engendram insegurança.
Na aldeia local, a cultura autóctone conferia-lhe identidade. Agora os enlatados mundializam o entretenimento medíocre da aldeia global.
Na aldeia local, os utensílios eram feitos por artesãos e artistas.
Na aldeia global, tudo é enfadonhamente igual e repetitivo, graças à produção em série da indústria.
Na aldeia local, as vacas tinham nome.

Na aldeia global já não se distingue a carne de primeira da de terceira e um hambúrguer de pelancas prensadas faz o mesmo efeito no pão com gosto de isopor.
Na aldeia local, os professores eram venerados.
Na aldeia global nem sequer são pagos e, por vezes, são assassinados pelos próprios alunos.
Os doentes eram cercados de atenção e carinho na aldeia local.
Na aldeia global são extorquidos pelos planos de saúde, humilhados pelo poder público e ignorados, pois as pessoas não dispõem de tempo senão para si mesmas.
Na aldeia local, a vida abria espaço para o ócio.
Agora o ócio é luxo e até o lazer é comercializado na aldeia global.
Na aldeia local, os valores instauravam tradição.
Na aldeia global, os valores são meramente financeiros.
Na aldeia local, viam-se as montanhas ou o mar.
Agora, o horizonte é um quadro na parede.
Na aldeia local, a noite era acolhedora.
Na aldeia global, é assustadora.
Na aldeia local, os pobres eram socorridos.
Na aldeia global, são excluídos.
Na aldeia local havia solidariedade.
Na aldeia global reina a competitividade.
Na aldeia local, as pessoas descobriam sua vocação e sonhavam com uma profissão.
Na aldeia global, é uma bênção ter um simples emprego.
Na aldeia local, muitos se destacavam pelo que traziam dentro de si: valores, conhecimentos, crenças.
Na aldeia global, basta ostentar grifes e posses, malgrado a indigência espiritual.
Na aldeia local, ninguém imaginava que, um dia, o mundo se transformaria, todo ele, numa aldeia global.
Agora, a nova aldeia pode ser vítima de sua capacidade de ultrapassar tempo e espaço se não souber acrescer às inovações tecnológicas uma boa dose de humanismo.
Há o risco de toda essa proximidade de seres e fatos ser apenas virtual. E, na esfera do real, aprofundar-se a solidão das pessoas e a sua distância em relação aos outros, à natureza, a Deus, a si mesmas.

ACOMPANHANDO AS VOLTAS QUE O MUNDO DÁ

Escrevendo, lentamente inicio meu caminho – A primeira volta

Estou precisando escrever. Meus textos surgem assim, de repente. Quando tudo para, me sinto confusa, sem emoção, tendo muita dificuldade de abordar um tema que me levará a algum lugar. Não tem jeito. Enfrento o vazio. Que consiste em começar escrevendo ao léu. Dá um pouco de agonia, é um momento em que nada tem que ver com nada. Se a angústia cresce muito, peço silenciosamente auxílio a outras pessoas. Às inúmeras que deixaram lembranças importantes arquivadas em mim e também aos personagens que me habitam o íntimo desde sempre. Às vezes consigo nomear alguns desses *eus*. Eles insistem em residir em meu ser, e cada um se apresenta de maneira diferente. Românticos, guerreiros, sonâmbulos, ativos, sensíveis, lunáticos, distraídos, adormecidos. Muitas vezes não dou conta nem de mim, quanto mais dessa orquestra sinfônica que me habita. Mas eles existem e pedem passagem, querem ter direito a voz e opinião.

Assim que inicio esse movimento e me ponho a caminho, dialogando internamente, já me sinto melhor. A sensação de paradeira, de deserto, se vai, e o futuro parece mais alvissareiro.

Circumambulando

A palavra que melhor descreve esse processo é "circumambular". Quer dizer dar voltas, muitas voltas, ao redor daquilo que está nos chamando a atenção no momento; assim, mudamos de perspectiva, vemos de outro ponto de vista, maleabilizamos o que parecia estar estagnado.

O que me chama a atenção agora não é nada novíssimo; pelo contrário, é muito antigo. Então me pergunto: de novo? Já passei por esse caminho tantas vezes... Mas ele não deixa de me causar estranheza e dor quando, apesar do esforço, da atenção, *a comunicação não acontece*. E quando ela não acontece, a solidão continua. E a esperança se vai.

Tenho estado inquieta. Quando isso ocorre, sei que existe algo borbulhando, pedindo passagem. Em geral não sei do que se trata, mas acredito na intuição, que aparece quando conseguimos abrir uma brecha no nosso pensamento habitual.

E ela chega como se fosse uma dança dos sete véus, que desvenda o corpo e as ideias aos poucos. A criatividade brota novamente, tudo começa a ficar mais colorido, com um novo frescor. Aproveito tais imagens para tornar minhas reflexões mais leves.

Com um gesto de entrega, permito-me fluir na dança, rodando, rodando. Fico curiosa e me ponho a prestar atenção nas imagens que surgem. Algo se destampa e, com isso, a névoa que havia em mim se dissipa.

Apesar do esforço, muitas vezes não somos ouvidos, e em consequência as ideias se encolhem lá no fundo de nós mesmos. Bem guardadinhas. E só em situações especiais elas ousam voltar à tona. Se tivermos sorte surgirá alguém numa situação parecida, com ideias guardadas em um canto bem isolado, também na esperança de encontrar alguém que seja capaz de ouvir seus segredos.

É aí que começamos a sonhar com um parceiro que tenha a qualidade de ouvir segredos sem se espantar ou sem querer modificá-los ou eliminá-los.

Como é difícil a gente se fazer entender, não é?

Vou dizer de novo, para que fique bem claro: como é difícil a gente se fazer entender, não?

Em várias dimensões da vida, buscamos com dedicação a possibilidade do encontro. Parece incrível, mas com tantos recursos, mesmo com estudos especializados, com um treino de sensibilidade no ver, ouvir e no falar, apesar de tecnologias avançadíssimas, por maiores que sejam nossos esforços, só conseguimos nos fazer entender com o auxílio da sorte.

Fiquem atentos à quantidade de linguagens de que nós nos utilizamos. Além das línguas mais conhecidas, podemos incluir movimentos corporais, danças, mímicas, vestimentas, cores, tatuagens, joias etc. Uma colega me contou que foi convidada a fazer um trabalho de grupo de mulheres num país muçulmano. Ela pesquisou muito antes de ir, uma vez que não sabia falar a língua do país e estava um pouco aflita com esse fato. Quando chegou lá, um pouquinho de conversa com a pessoa que a convidou só fez piorar a perspectiva. As mulheres eram proibidas de falar fora de casa. E agora?

Com aflição e tudo, lá se foram para o encontro. E, com a maior franqueza, mesmo porque não havia outro jeito, ela pediu ajuda ao grupo. E, com a maior alegria, elas se puseram a ensiná-la a linguagem dos lenços. A conversa se fazia pela leitura da cor do lenço usado no dia, pela direção em que ele era enrolado – mais curto, mais longo – e pelo gestual que o acompanhava. Aos poucos as histórias iam chegando.

Então, profissionais ou não, precisamos estar atentos para aprender todas as línguas possíveis. Sejam elas faladas, vistas ou adivinhadas.

Há pouco tempo, fui visitar uma amiga que tinha um filho de pouco mais de 3 anos. Ele falava um pouco de inglês (a família é americana), um pouco de espanhol (eles moram na Califórnia) e, para meu espanto, a linguagem de surdos-mudos (ensinada na escola como outra língua possível, não só uma política de tratar bem pessoas com deficiência).

O constante fracasso nas tentativas de nos fazermos entender nos põe em contato com uma densa solidão. São várias solidões, e não só uma. Podemos estar solitários de nós mesmos; solitários daqueles que amamos; solitários de colegas, solitários do mundo.

A nossa maior riqueza é a lembrança de situações em que nos sentimos plenamente entendidos e fomos enredados numa suavíssima camada de aceitação e aconchego.

Acho que para contrabalançar, volto-me para dentro de mim e fico em contato com a multiplicidade de *eus* que existem aqui. Vários personagens, uns mais complexos, outros mais simples, outros afetivos, outros zangados... Se eu pretendo ser captada pelo outro, preciso, em primeiro lugar, colocar certa ordem em mim mesma. Trabalhar como um maestro que conhece bem as partituras, os instrumentos e consegue tirar de seus músicos o melhor som.

Às vezes me perguntam se eu acredito em espíritos. A minha resposta é sim. E faço uma ressalva: minha crença é diferente. Não acho que os espíritos sejam algo de fora e que "baixem". Acho que eles "sobem". Só que me refiro aos *eus* que de vez em quando vêm à consciência. Quando eles aparecem, é sinal de que estão em busca de um diálogo. Pois vamos dialogar, então. O que vieram buscar? Por que agora?

De vez em quando, eles (os personagens, os *eus*) surgem com muita nitidez. Daí é possível brincar e experimentar, para ver se formam uma química interessante. Eles tomam formas muito diferentes, e posso até me dispor a dialogar com eles, tentando saber a que vêm. Às vezes, por vontade própria, eles sopram, com muita delicadeza, bem de leve, temas para conversas que se apresentam.

O mundo dá muitas voltas.
É possível ter esperança?

Falei dos personagens internos que nos preenchem e dão trabalho para ser organizados num todo medianamente coerente. Vou agora enveredar por um caminho tão cantado em prosa e verso pela literatura, pelo cinema, pelo teatro: o amor.

Desejo falar do parceiro com o qual passamos a vida a sonhar e que virá para diminuir a dor da solidão. Mas às vezes ele demora muito a chegar, e nem sempre é óbvio que é aquele ser que esperamos.

Por que as pessoas têm tanto medo de se envolver? Até nos arriscamos a marcar um encontro, mas depois não vamos adiante.

Agora que a questão é esperança ou desesperança, vou me atrever a fazer algumas brincadeiras e ironias.

Se já é difícil manter organizados todos os nossos *eus*, imaginem encontrar alguém que também tem suas histórias, seus personagens. A intimidade se torna muito povoada, não?

Mas temos um problema: onde encontrar esse companheiro? Nos dias de hoje, o telefone da empresa dele, um PABX supermoderno, está sempre ocupado. O celular, para evitar "acidentes", só dá caixa postal. Talvez tenhamos mais sorte enviando um e-mail. Mas ele costuma se justificar dizendo que tem uma agenda lotadíssima: precisa verificar se vieram consertar aquela máquina caríssima, ir ao banco, entregar o relatório urgente, comparecer a mil reuniões importantíssimas e, na volta, imagine, o pneu fura.

É verdade que nossa disposição também não é das melhores...

Continuando a caricatura. Imaginemos um homem que é ridicularizado pelos amigos porque sua esposa está sempre de "marcação cerrada". Aquela desmancha-prazeres... E os conselhos dos companheiros são: "Nunca revele os lugares que você frequenta, ela vai se sentir segura e passará a controlá-lo"; "A chave do bom comportamento da mulher é a insegurança, não se esqueça!"

E ela pensará: "Será que estou gorda? Será que estou com muitas rugas? Será que aquela energia tão insinuante que era a minha marca desapareceu?" Se ele disser que não é assim, ela perguntará por que ele fica encarando as mulheres que passam, de queixo caído, enquanto ela, a seu lado, faz de tudo para chamar sua atenção...

Ele não entende a solidão da qual ela de vez em quando ousa falar (ficou louca?), e ela menos ainda da eterna busca de poder ("Ela é a princesinha, fica protegida de tudo, eu cuido de tudo, ela não tem ideia do que é a vida"). E pior: nada do que colocamos, com muito tato, é para ele uma verdade. No entanto, vive da crença em mitos. Para nosso infortúnio, de preferência daqueles que a mãe dele ensinou.

A mulher é muito forte! Proteja-se!
Fique longe dela (a mãe dele sempre dizia)!

Aos poucos vai se delineando um paradoxo, o nosso homem sempre sonhou em sair pelo mundo, sozinho, para escalar o Himalaia, navegar até o polo Sul, fazer trilhas dificílimas. Durante sua peregrinação, fará um diário escrevendo tudo tim-tim por tim-tim. Para não omitir nenhum detalhe, para que ele não se esqueça do que viveu e também contar aos amigos, provando o que é possível realizar quando o empenho é verdadeiro e a gente não gasta tempo olhando para os lados ou ouvindo opiniões.

O curioso é que a mãe apoia todos esses sonhos do filho, aplaudindo suas iniciativas. Mas se por acaso ele demonstrar uma fraquezazinha, uma dúvida por causa da mulher que ele ama, vai ser uma briga. Desistir por causa de mulher? É um absurdo!

A mãe dele é mais um inimigo a enfrentar, como se não bastasse todo o resto.

Agora ouso perguntar, com muita vontade de protestar: nesses casos, como ficamos nós, mulheres, e nossas crianças? E os nossos sonhos femininos? E o medo dos acidentes que poderiam vir a ocorrer aos nossos amados durante essas aventuras? Acidentes e, pior ainda, incidentes – tais como encontrar outra mulher muito mais aventureira e portanto mais interessante?

A mulher compartilha estes percalços, sofre, fica em dúvida se é de fato amada. Cansada, promete vingar-se. Pensa em maneiras de devolver alguns desaforos, grosserias. Mas não tem jeito. Ao ver seu companheiro de volta, finge que não está nem aí, mas saboreia com gosto suas palavras, ficando encantada com seus relatos da viagem. E, cá entre nós, não é de verdade muito bom quando olhos e coração se aquietam ao conferir que ele está de volta, ali a seu lado?

Para ilustrar o que estamos discutindo, vamos olhar de perto o mais famoso viajante de nossa literatura, Ulisses, que seguiu o conselho de seus amigos. Pegou um barco bem sólido e lá se foi.

Rodou o mundo. Muitas aventuras mesmo. Sua esposa, Penélope, a nossa Amélia mais famosa – daquelas que tudo aguentam sem reclamar –, ficou em casa tomando conta do patrimônio da família e, principalmente, mantendo-se fiel, mesmo diante de uma fila de candidatos que pretendiam substituir Ulisses.

Ela então negociou com os seus pretendentes: quando terminasse o seu bordado, daria uma resposta. Bordando muito, tinha a santa paciência de bordar de dia e desmanchar de noite...

Ulisses, navegando em mares revoltos, mesmo enjoando até quase virar do avesso, encontrava um jeito de desvalorizar a simplicidade amorosa da sua mulher que sempre ficava em casa. Que perda de tempo! Contudo, animava-se com a perspectiva do ponto alto da viagem, que era passar na ilha das sereias. Ouviu dizer que elas, com sua sedução, conseguiam fazer que todos aqueles homens, de tanto entusiasmo, se perdessem para sempre.

Mas, chegado o momento do encontro, Ulisses ficou tão assustado que se amarrou ao mastro do navio para não sucumbir ao canto das sereias. Descobriu que o canto – supostamente mágico – era na verdade aprisionante e trágico! As sereias cantam a história do nosso herói enumerando as maldades que ele cometera desde pequeno, quando abandonou a mãe e o pai, e mostrando quantas pessoas ele desprezara ao longo da vida.

Frágil depois de tanto enjoo, comovido e culpado com as histórias de abandono, Ulisses finalmente resolve voltar para casa.

Ao aportar, fica ansioso para ver Penélope, o filho e o cachorro. No lugar onde outrora residira havia agora uma casa suntuosa. Segundo os vizinhos, lá habitava uma mulher linda e bem-sucedida com o negócio de bordados. No início, contavam eles, ela tinha uma estranha doença. Tudo que fazia ela mesma desmanchava. Estava muito triste com a ausência do marido, que havia partido numa viagem sem data para voltar!

Até que uma velhinha daquelas bem vividas e espertas ensinou a Penélope que não se deve jogar fora ou desmanchar o que é produzido pelas próprias mãos. E assim convenceu-a do valor do seu trabalho.

Penélope passou a se sentir cada vez mais orgulhosa de seu dom de criar beleza. Passou a se valorizar. Aprendeu a aumentar a beleza das pessoas também, falando e ouvindo com atenção, conversando e cuidando da alma daquelas que se aproximavam dela. Ela se tornou uma mestra em trocar solidões doloridas por rendas maravilhosas que encantavam a todos.

São mais voltas que o mundo dá...

Ao retornar, Ulisses se sente um pouco estranho. Nem o próprio cachorro o reconhece. Então ele se lembra do medo que tinha de se sentir confinado junto da mulher, mesmo ela sendo amorosa, competente e criativa. E, nesse temor, deixara de partilhar dos esforços dela e de transformar aquela união numa experiência de crescimento para ambos.

Mas Ulisses está mudado, e finalmente se arrepende de ter dado ouvidos aos amigos – e principalmente a si mesmo – e assim ter-se despojado de tudo que lhe era preciso na vida...

O mundo vai girando... E qual é o sentido disso?

Vamos falar agora da mulher e de seus sonhos há muito tempo acalentados. Enquanto não encontrar um parceiro estável, ela não terá sossego. O que mais a apazigua é pensar num companheiro que a ouça com atenção, que lhe ofereça um colo. Ela quer ser vista, amada. Deseja que os seus talentos sejam validados. O que a mulher mais teme é ser abandonada e ficar só.

Como se combinam esses seres tão diversos? Só por milagre. Já falamos do sonho masculino de sair mundo afora e voltar ótimo para casa, desde que tenha sido bem-sucedido no mundo externo. Enquanto espera, ela borda e tece. O sonho da mulher, já sabemos, é ser acolhida por seu homem, sentindo-se segura e amada. Seu maior desejo é se sentir a criatura mais importante na face da terra para ele. Só para ele. Não é demais, é?

Como se vê, são desejos opostos que se tornam realidade apenas em situações especialíssimas. Será possível essa relação? Gostaria tanto de achar a chave do segredo...

Um pedacinho de compreensão – são voltas que o mundo dá

Depois de dar muitas voltas tentando expressar as dificuldades de comunicação, só posso ousar dar um conselho a todos, homens e mulheres: quando chegarem naquele ponto em que fatalmente caímos, em que por desespero de causa tiverem a ideia de se sentar para discutir a relação, recusem-se de maneira peremptória.

Em vez disso, experimentem convidar seu par para dar uma boa caminhada, quilométrica, daquelas bem exaustivas. Notem que, nessa caminhada, ambos têm de olhar para a frente, em vez de ficar presos no olhar um do outro. Tal prisão os enclausura em seus pensamentos, nas próprias lembranças, nas palavras que usarão para se defender.

Este é o segredo: sair do olhar. O olhar só pode chegar quando estiver límpido e inocente.

Quando não tiverem mais fôlego, cessem esse diálogo interno pesado. Depois, assim à toa, resgatem um joguinho bem simples, daqueles que nos faziam ficar bem quietinhos, brincando em silêncio quando éramos crianças. E joguem muito seriamente, resgatando a tranquilidade que conhecíamos naquela época. Afinal, só podemos resgatar aquilo que já experimentamos.

A segunda parte do conselho: encerrem a parte do jogo tomando uma inocente xícara de chá de ervas. As águas farão o devido movimento no organismo, a natureza seguirá seu curso e, na volta, ambos estarão pensando: "Qual era mesmo o assunto?"

O CAMINHO QUE LEVA
À MATURIDADE

Ao sentir os sinais da chegada da meia-idade, tanto os homens quanto as mulheres começam uma saga de cuidados que resultam na melhoria da saúde e manutenção da juventude.

De modo geral, os homens se preocupam menos com sua sexualidade e forma física. Já a mulher começa a brigar contra o fantasma do envelhecimento – sem saber o que a espera e como vai ser vista pelos outros. A qual grupo pertencerá? Jovem, adolescente, madura, velha? A ironia dessa fase é que, quanto mais força faz para mudar, mais se torna parecida consigo mesma.

O sonho da cirurgia plástica, da lipoaspiração e de outras intervenções não chega a se realizar, ficando só no imaginário.

Seria tão mais saudável se essas mulheres acreditassem que seu potencial pode constituir novas fontes de espiritualidade, sabedoria, compromisso e compaixão... A maneira de olhar o mundo se transformaria totalmente. Não seria apaziguador?

Situações que outrora provocavam ressentimentos, mágoas, raiva ou ainda uma total ignorância podem se transformar. Na maturidade, tanto a mulher como o homem atravessam um limiar que os conduz a um território inexplorado e um pouco assustador: a terceira fase da vida. Porém, nesse período as pessoas podem se definir melhor, com mais liberdade, tornando-se ainda mais singulares.

É importante fazer boas escolhas na terceira fase da vida: tudo que se faz e diz deve estar em concordância com a alma. Só assim tudo que for realizado estará pleno de significado, eliminando o vazio anterior que habitava nosso ser.

Pode acontecer que um passado áspero tenha sido prelúdio dessa parte da sua vida. São necessários, então, recursos espirituais, principalmente se não contar com o apoio de pessoas. A maturidade se relaciona mais com o interesse pelas culturas, mitologias e religiões, o que vem acrescentar mais fluidez à vida. É a fase em que se fortalece a busca da transcendência.

Preâmbulo

Recebi de um amigo querido uma história comovente, sobre a qual iniciei uma reflexão. A história chama-se "Pão velho". Trata-se da conversa de uma mulher madura com uma criança carente que pede esmola ou um pouco de pão velho. Ela fica impressionada com a vivacidade do garoto e se põe a conversar com ele. Chegada a hora de tomar o seu rumo, ela lhe oferece o sanduíche que havia trazido para o almoço. O garoto recusa, argumentando que ela já havia lhe dado bens mais preciosos – seu tempo e sua atenção. Ele havia ganhado o dia, levando dentro de si a conversa que tiveram.

A resposta do garoto emocionou a mulher, que ficou imaginando quantas pessoas, grandes ou pequenas, adultas ou crianças, ficam num cantinho olhando, esperando que alguém de repente as veja e pergunte: "O que você quer? Do que você precisa?"

Eu me identifiquei com o garoto, tão pequeno para ter consciência da sua situação de vida! Comecei a ficar com a cabeça embaralhada e surgiram cenas da minha infância. Meu peito ficou convulsionado. Por que estaria assim? Pensei muito, meditei com toda concentração. Nesse processo, adormeci. E sonhei.

O sonho

Meu sonho foi nítido como cinema, bem colorido. Nele, vejam só, eu era pequena, devia ter uns 5 anos, cabelo curto, franjinha.

Tomei a mão de meu pai e convidei-o para um passeio, coisa que nunca acontecia. Meu pai era um homem enorme. Grande e forte. Peguei-o de surpresa e ele veio – relutante, mas veio. Eu tinha duas reações opostas com relação a ele: uma de segurança, pois achava que ele poderia me proteger de tudo, e outra de pavor, ao lembrar-me da cólera que aparecia quando as coisas não andavam como ele designava. Ele ficava vermelho e gritava conosco, e eu não entendia nada.

Estávamos passando férias na casa de minha avó, o que sempre era um refrigério comparado com a nossa casa. Então lá fomos nós, subindo um morro bem verde, até chegar a uma torre que devia servir como posto de guarda para vigiar as costas da ilha onde estávamos. Dava medo subir na torre, pois ela era cinzenta, úmida e fantasmagórica. Lá do alto, depois de uma escarpa bem íngreme, podíamos ver uma praia de pedras brancas. Ali, os mais corajosos se atreviam a nadar e a enfrentar a água gelada.

Eu soube pela minha avó que meu pai, quando garoto, gostava muito de escalar esse rochedo para recolher ovos de gaivotas. Era uma grande aventura para ele, que simplesmente sumia o dia todo – quase matando minha avó de susto.

Prestando atenção no caminho, descemos até uma parte da praia onde podíamos ver pessoas em semicírculo, que me saudavam alegremente, chamando-me pelo nome para fazer parte da roda. Elas estavam tão animadas que eu não resisti! Eu queria tanto aceitar o convite para fazer parte do grupo e pertencer a ele. Havia uma dança folclórica típica, um ritual de saudação à Lua, e de repente me atrevi a subir no palco e a dançar. Desejei que meu pai me acompanhasse naquela dança, mas ele não cedeu ao meu convite insistente. Dancei direitinho. Fiquei encantada com a recepção das pessoas e disse ao meu pai, aquele homem enorme, sério e calado, que observava a cena: "Viu bem, pai, como devo ser tratada? É assim!"

Sua fisionomia ficou mais calma e ele, novamente me pegando pela mão, me levou em silêncio à casa da minha avó. Fiquei a imaginar o que ele estaria pensando e acordei.

Reflexões

Sempre fui muito observadora e gostaria que as outras pessoas também o fossem. Isso me ajudaria a entender mais a vida, que para mim às vezes é um mistério.

Lembro que no sonho, durante a caminhada, fiquei atenta às casas do caminho e às pessoas, umas usufruindo o sol, outras cozinhando tortas cujo aroma chegava até mim, outras cuidando do jardim. Admirei tudo que vi – e também cobicei o que apareceu no caminho.

Passei, então, a me perguntar por que minha casa real era tão diferente das outras, tão alegres, refeições deliciosas, jardins floridos com bancos de madeira, o mar cheio de barcos de pescadores chegando com o resultado do trabalho daquele dia. A minha casa era o oposto. Ela não tinha enfeites, não tinha música nem tortas cheirosas na janela, era uma casa triste. E eu me perdi de tanto perguntar por quê.

Essa era a mulher entrando no ciclo de donzela, com meia dose de consciência.

Conhecendo o mundo e as pessoas

Por que meu pai era tão explosivo? Por que brigava tanto com minha mãe? Acho que não era por minha causa, pois minha mãe sempre dizia que eu fui (acho que sou até hoje) sempre quietinha, nem parecia que havia um bebê em casa. Ela contava que eu dormia bastante e, acordando, ficava agarrada na minha boneca, a Clarice.

Eu tinha uma irmã sete anos mais velha que eu e um irmão quatro anos mais velho. Eles ficaram muito enciumados quando nasci. Faziam uma dupla do barulho! E tomem castigo! Morriam de raiva de mim porque eu não era castigada. Portanto, entendiam que eu era a queridinha... Eles não percebiam que eu não existia, era invisível. Daí eu ficava muito triste, me agarrava à Clarice e ia sentar no alto da escada, só olhando. Via-os brincar, sempre alegres e às vezes provocando os meninos da rua. Por que eu não me enchia de coragem e ia tentar brincar junto?

Passando por essas situações, criei medo de gente! Eu só ficava bem acompanhada da Clarice ou de meus livrinhos.

Certo dia, meus irmãos planejaram uma vingança: quando eu estava na escola, pegaram a Clarice e resolveram brincar de médico. Ela tinha uma cabeça linda de louça, corpo de pano e dizia "mamãe". Resolveram então "operá-la", cortando com gilete todo seu corpinho para tirar-lhe a voz! Naquele dia, quase morri de tristeza, e não podia contar, senão eu apanharia deles. Eu precisava tanto da minha boneca! E ali não havia uma pessoa sequer para me dar um colo e me consolar um pouco, nem a minha avó!

E eu tentando entender por que aquela casa era tão fria, tão esquisita, com pessoas também esquisitas. E pensava que pensava, mas não tinha noção do que ocorria. Houve vários acontecimentos assustadores. Certo dia, na ilha em que minha avó morava, eu estava tentando aprender a nadar na piscina linda que fazia fronteira com o mar. Meus irmãos se deram ao trabalho de me levar até o meio e lá me largaram, me debatendo apavorada. Até que consegui chegar até a borda.

Jurei, então, que nunca mais acreditaria neles. Em outra ocasião, eles me levaram de bicicleta até uma ladeira, seguraram no selim durante um tempo, transmitindo-me a sensação de segurança, e de repente me soltaram. Não dá para contar quantos tombos levei, caindo no canteiro de espinhos da casa da minha avó. Aprendi assim a me curar sozinha das picadas dos espinheiros e dali em diante fiquei mais esperta. Deixei de esperar que outras pessoas me acompanhassem e também me protegessem.

Com muita mágoa, desisti de querer que meus irmãos gostassem de mim – ou de que qualquer pessoa gostasse de mim.

Aprendi sozinha

Mas, secretamente, eu continuava a sonhar que um dia brincaria com eles sem agressões! Além disso, o que eu mais queria era ser vista pelo meu pai, que estava sempre ausente. Eu estranhava muito o fato de que nem minha mãe nem meu pai tomavam conhecimento do que se passava entre nós. Meu pai se ocupava muito com seu trabalho; minha mãe bordava, fazia tricô e cuidava da casa, do jeito dela. Ela era quieta, sempre ouvindo novelas que a afastavam dos filhos e do marido, com quem pouco falava.

A essa altura, eu já tinha comigo a chave da desarmonia da nossa casa. O silêncio era grande demais, o rancor era deveras bem guardado, janelas ficavam fechadas e meus pais viviam preocupados com seus assuntos pessoais. Nada de conversas sobre a vida que os dois haviam construído.

Ficou tudo mais complicado durante a adolescência. Nenhum sinal de primavera. Nada foi celebrado. Todos os sinais de desenvolvimento e de tudo que lembrasse o feminino, tal como uma mudança no corpo, eram motivo de chacota. E eu, sem as devidas explicações, só morria de vergonha. A sorte é que sempre tive uma imaginação muito rica, e ela me auxiliava a fugir daquele ambiente inóspito, falando com os meus botões: "Vou conseguir tudo que eu quero, eles vão ver!"

Foi nessa fase que comecei a me sentir um projeto de mulher madura. Decidi fazer sozinha tudo que me apetecesse, e assim aprendi bastante a respeito da vida.

Aprendi a andar de bicicleta, encantando-me com a possibilidade de me movimentar à vontade, quando pude fazer passeios lindos pelas aldeias da ilha. Podia passar o dia todo passeando, conhecendo outras casas, outras pessoas gentis e alegres, que me cumprimentavam com gosto. Comecei a aprender que o mundo era bem mais variado que aquela casa onde eu morava. A alegria também era contagiosa. A ampliação do meu espaço fez toda diferença. Comecei a ir mais longe, a me arriscar mais.

Depois de correr mundo e perder o medo de gente, senti vontade de ter meu espaço, um canto que eu construiria do jeito que sempre sonhei. Mudei de país, estudei muito, principalmente para me aprofundar na percepção das pessoas, assim como para aprender a ter coragem de me mostrar como eu sou.

Prometi a mim mesma construir uma família, que seria muito diferente. A casa teria música, comida cheirosa, haveria cor e as pessoas seriam infinitamente amadas, recebendo carinho e abraços.

Dessa maneira aprendi o que é ser feliz, sendo capaz de compartilhar minhas coisas boas com pessoas que merecem. Aprendi também a "ler" quando encontro pessoas quase morrendo de tristeza, sozinhas. Enfim, aprendi a conhecer e apreciar as pessoas que passam pela minha vida.

Finalmente, aprendi a não me calar mais e a lutar por tudo que considero justo.

SETEMBRO, COM OS IPÊS FLORIDOS

Querida amiga,

tem sido muito rica a experiência dessas conversas internéticas. Essa coisa de saber que estou dialogando com alguém que me escuta/lê, abre-me um espaço muito especial, no qual o tempo e as coisas do dia a dia se aquietam para dar passagem a outra dimensão, que por falta de palavra melhor chamo de onírica.

Adoro quando encontro um interlocutor paciente e dedicado, que se propõe realmente a ler as coisas que surgem em momentos de descontração, quando palavras, ideias e imagens saem quase a minha revelia. E acredite: eu mesma levo sustos com o que sai.

Fico surpresa e alegre por descobrir novas dimensões internas que surgem em consequência do diálogo. Você pediu para saber mais a respeito dessa coisa do "eu comigo mesma", não é?

Costumo observar que, quando as pessoas estão atrapalhadas – sentindo-se solitárias, desérticas – é porque estão apartadas de si mesmas. Precisam encontrar a parte que sumiu e costurá-las novamente, reconstruindo o conjunto. Aí vem a sensação tão gostosa de integridade, liberando a vontade de celebrar, passeando por aí, ao ritmo de uma musiquinha interna que teima em ficar em nós.

Você me pergunta: "O que é que esta menina aqui quer?"

Não sei responder, mas se você tiver vontade de fazer o mesmo percurso que já lhe contei em outra carta, e passear pelos armários e gavetas da casa, olhando e procurando, vou junto, lhe acompanho com muita alegria. Se funciona com a Alice, minha netinha de 2 anos e meio que quando se atrapalha me pega pela mão e pergunta: "Vovó, o que é que a Alice quer?", é capaz de funcionar com você também. Vamos ver.

Acho que podemos no mínimo começar pelo sótão e encontrar aquele baú de roupas da vovó, com direito a peles e echarpes, chapéus e vestidos longos que foram usados em *soirées* importantes, como o baile da visita do príncipe ou a inauguração daquele cinema tão elegante, com poltronas de veludo vermelho – com pianista na abertura e tudo.

Tem também a roupa vestida no casamento daquela amiga especial com quem a avó-menina trocava segredos e histórias, em especial do momento em que surgiriam os nossos bem-amados, quando então toda a natureza estaria em festa. Sem falar no material para que pudéssemos brincar de nos fantasiar: bengalas, tiaras, chapéus, peças avulsas, roupas de festa, anáguas de tule para fazer roupa de princesa, com luvinhas e luvonas que combinavam com vestidos longos e justos, compondo personagens fascinantes.

Sim, e aquele baú de brinquedos que a gente abria em dias de chuva, por concessão especial, se pedisse muito à vovó? Nele (não sei por quê) havia uma caixa de botões, tirados de roupas antigas, aqueles de madrepérolas, aqueles dourados, aqueles miudinhos, que devem ter dado muito trabalho a amantes mais afoitos. E também muitos tecidos, pedacinhos e pedações, fininhos, coloridos, muito ou pouco usados, mas sempre com o projeto de se transformarem em colcha de retalhos – que ela teceria para as netas com todo o desvelo, porque no final esses pedacinhos de tecido em conjunto contavam muitas histórias, constituindo um álbum de fotografias e recortes muito vivo, redescobrindo e revelando coisas contáveis e incontáveis.

Vovó não tinha pressa, ela sempre dizia que tinha todo o tempo do mundo. Então não se afobava, ia fazendo suas coisas devagarinho, com a paciência. Ela tinha a tranquilidade de quem sabia que era apenas um elo numa grande cadeia de pessoas e acontecimentos.

Com calma, a avó ia vivendo sua vida. Todos achavam que ela tinha muita sorte. O fato é que ela guardava um segredo: só fazia coisas que estivessem muito claras no seu coração. Aquilo que ainda estava nublado ela deixava quietinho, aconchegado numa gaveta do criado-mudo (já viu que nome mais adequado para a função exercida?).

Já ia me esquecendo de falar de uma coisa muito importante, do aroma que se desprendia quando gavetas e armários eram abertos. Esse aroma era a própria presença da dona. Lavanda delicadíssima, que havia sido trazida por navios vindos de terras distantes, onde as ervas cresciam formando um conjunto de manchas de vários tons de roxo e lilás.

Agora deixo você de posse dessas imagens e aromas, dando um tempo para que elas façam efeito. Depois você me conta. Em geral, funciona para mim quando me sinto atrapalhada com o excesso de coisas que atravancam o caminho que me leva ao meu mundo interno, de onde retiro tantas coisas, principalmente inspiração quanto a um rumo a seguir.

Minha querida amiga, preciso ir cuidar da vida. Não sei se esse passeio ajudou a esclarecer as suas dúvidas ou se fez que você ficasse ainda mais confusa. Se provocou movimento ou comichão, para mim já está bom. É um bom começo.

Mande-me notícias, ou outras histórias, ou palpites ou...

Com carinho,

Jean

CONCLUSÃO

Chegamos ao "fim". O que descobri ao entrar no mundo da escrita é que as histórias se desdobram. Surgem mais e mais imagens e lembranças, e se torna impossível colocar um ponto final no texto. Daí as aspas na palavra fim.

A cabeça e o coração ficam plenos e a vontade é de continuar, continuar... As histórias nos mobilizam e afastam-nos da insistência em privilegiar o lado racional, que frequentemente nos pode colocar num espaço desértico e sem cor.

Tudo muda de figura se tivermos a sorte de encontrar um interlocutor atento, daqueles que "entram" na nossa alma pela leitura. Este livro, em particular, contém uma série de histórias verídicas, acontecidas ao longo do tempo. Conto episódios ocorridos em várias fases da vida, deixando um rastro de aroma e sabor variados.

Deixei-me escrever algumas frases soltas e alegres, outras tristes e solitárias, algumas engraçadas, outras desesperançadas. Por isso, ao deparar com este poema me identifiquei e quis compartilhá-lo com você.

Não sei quantas almas tenho
(Fernando Pessoa/Alberto Caeiro)

Não sei quantas almas tenho.
Cada momento mudei.
Continuamente me estranho.
Nunca me vi nem acabei.
De tanto ser, só tenho alma.
Quem tem alma não tem calma.
Quem vê é só o que vê,
Quem sente não é quem é.

Atento ao que sou e vejo,
Torno-me eles e não eu.
Cada meu sonho ou desejo
É do que nasce e não meu.
Sou minha própria paisagem;
Assisto à minha passagem,
Diverso, móbil e só,
Não sei sentir-me onde estou.

Por isso, alheio, vou lendo,
Como páginas, meu ser.
O que segue não prevendo,
O que passou a esquecer.
Noto à margem do que li
O que julguei que senti.
Releio e digo: "Fui eu?"
Deus sabe, porque o escreveu.

EPÍLOGO
O RESGATE DO DIÁLOGO

"Somos assim. Sonhamos o voo, mas tememos as alturas. Para voar, é preciso ter coragem para enfrentar o terror do vazio. Porque é só no vazio que o voo acontece. O vazio é o espaço da liberdade, a ausência de certezas. Mas é isto que tememos: não ter certezas. Por isso trocamos o voo por gaiolas. As gaiolas são o lugar onde as certezas moram."

Rubem Alves, *O infinito na palma da sua mão*

Meus queridos amigos,

vou falar de um tema que aparentemente é óbvio. Da necessidade de o terapeuta buscar, cada vez mais, a sua realidade e transparência, seja ela feliz ou muito incômoda. Sempre procurei viver e trabalhar enfatizando o diálogo, em todas as suas possibilidades. Mas ultimamente andei brincando de me esconder de mim mesma. Vou contar a vocês o meu processo. Hoje, o caso relatado é o meu. Não é uma abordagem acadêmica, mas vou ousar. Para isso vou precisar da sua atenção e, depois, de uma resposta honesta e afetiva.

A história: depois de um longo tempo, guardando minhas dificuldades em estado de extrema solidão, resolvi escrever sobre a minha trajetória de vida nos últimos tempos. Escrever é muito importante. Os fatos ficam mais claros e, além disso, a mensagem chega mais longe, envolve um maior número de pessoas. Tenho a esperança de esclarecer alguns pontos para quem me conhece e muitos outros para quem está passando pelo mesmo caminho. Às vezes, a sorte nos presenteia com um texto que podemos jurar que foi escrito justamente para nós por encomenda. Quem sabe este poderá ser um deles?

Trabalho como psicoterapeuta e dou supervisão para profissionais, sempre buscando inspiração para escrever sobre a vida. Mas estou diferente. Dou-me conta de que o tempo passou e eu, ocupada, não vi.

De vez em quando, tento fazer de conta de que nada está acontecendo, mas a memória não permite. Já que é assim, vou permitir que ela fale, procurando ser o mais fidedigna possível. Rubem Alves afirma que há dois tipos de memória, as sem vida própria e as com vida própria. As primeiras são inertes, não têm vontade. As que têm vida própria, ao contrário, não ficam quietas dentro de uma caixa. São como pássaros. Voam para onde querem. Seu aparecimento é sempre uma surpresa.

Preâmbulo

Rubem Alves continua com uma definição desconcertante: "O espiritual é um espaço dentro do corpo onde existem coisas que não existem".

Estou certa de que somos compostos por uma constelação múltipla de *eus*, orquestrados por uma entidade principal que se chama alma.

Novamente cito Rubem Alves, apesar de nem sempre concordar com ele: "Alma é o nome do lugar onde se encontram esses pedaços perdidos de nós mesmos". Para mim, a alma é o nosso tesouro, local de quietude e silêncio, para onde nos mudamos quando precisamos integrar ou construir a nós mesmos. Assim, a alma também é a geradora da nossa criatividade.

Somos corpo e alma. Desse jeitinho mesmo, ora predominando um, ora, outro. Às vezes a minha alma surge transparente, luminosa; fico cheia de ideias e projetos, nem pareço a menina tímida que pouco falava na infância.

Tenho um segredo: esse contínuo contato com a minha alma muitas vezes foi guiado por uma inabalável fé. Portanto, trabalho com tranquilidade, pois sei que no momento preciso virá, de algum lugar, o auxílio me permitirá dar conta da tarefa em questão. Profissional já madura, colecionei muitas cenas tocantes de encontros com meus clientes queridos, sabendo-me auxiliada por um contexto inexplicável e sem nome! Dessa maneira, fui me acostumando a relaxar, a confiar, a deixar "o processo" guiar o momento.

Podemos entender esse fenômeno de várias maneiras: "O todo é maior que a soma das partes". Aqui entra um elemento misterioso, anônimo, que pode ser nomeado de acordo com a crença de cada um. Graça, Deus, acaso, o que não tem nome. Martin Buber, na sua *Filosofia do encontro*, ao citar a relação eu-tu, também não deixa claro o sentido do hífen que liga os dois seres. É mais um mistério. O encontro é sagrado. Não é algo que se constrói, mas algo para a qual se dá passagem...

Ao supervisionar terapeutas iniciantes assustados na profissão, sempre lhes digo que não temam, pois a cada um caberão clientes do seu tamanho. E, além disso, enquanto eles estiverem investidos do papel de terapeuta, uma energia especial estará presente. E nós, como pessoas, somos apenas um caminho possível. Lembrando as palavras da Virgem Maria, quando responde com humildade ao Anjo da Anunciação: "Faça-se em mim segundo a Vossa palavra".

Nosso ofício é muito sério e importante. Estamos lidando com elementos humanos profundos, dos quais não temos a mínima noção. Estou falando do próprio espaço terapêutico, do sigilo, do respeito entre terapeuta e cliente – dois seres humanos lutando para entender o que não nos foi explicado. Assim nos resguardamos, fazendo, cozinhando alquimicamente os temas em fogo brando, em panela tampada.

Estou falando do domínio do sagrado. Essa tranquilidade ficou ao meu lado até os 42 anos, momento em que vivi o ponto mais alto de uma colorida maturidade e de confiança em mim mesma. Diz o nosso mestre Jung que é a fase da virada, da metanoia, quando aquilo que somos vai se transmutar no oposto, enriquecendo-nos e completando-nos.

Pensando em opostos, lembro-me com carinho de determinada situação. Era a inauguração de um congresso que havíamos organizado em três pessoas, partindo do nada. Nenhum financiamento, nenhuma ajuda. Essa preparação durou dois anos. Foi uma época de esforço e de dedicação imensos, na qual havia espaço para muitos risos, muitas lágrimas, muitas brigas, divergências de opinião – enfim, tudo que ocorre num trabalho grupal em que temos de mostrar ao público um produto de qualidade.

Lá estava eu, no coquetel de abertura, no saguão do lindo hotel em que tudo ia acontecer, vestida com minha melhor roupa, sentindo-me bonita e muito feliz, com ímpetos de sair dançando. Acho que minha alegria estava evidente, pois um amigo muito querido chegou perto, achando graça no meu estado, e eu lhe disse: "Não estou cabendo em mim". Havia uma sensação de leveza flutuante.

E assim era, de fato. A parte visível de mim mostrava uma professora bem-posta, recebendo as pessoas que chegavam, dando as boas-vindas. A outra parte, invisível (assim eu acreditava), estava ocupada em se mover entre as pessoas, tentando fazer uma enorme ciranda ao redor de uma fogueira, esquecendo de tudo que tínhamos ido fazer lá e tomar o tempo e o espaço para estarmos juntos. Apenas isso.

O evento foi mesmo um sucesso.

Levei um tempo enorme para me recuperar. Meses. Foi muita emoção junta. Muitos encontros, muita criatividade. Em contraste absoluto com aquela mulher descrita antes, que estava na plenitude da sua floração, durante esses últimos tempos a minha alma ficou

encolhidinha num canto escondido de mim, e o meu corpo me parecia enorme e oco. Tornou-se um obstáculo.
Muito estranho. Minha fé se foi. Fiquei vazia.

Metanoia

Foi aí que esta nova fase da minha vida começou. Minha segurança se foi. Primeiro, ao ouvir alguma coisa que me mobilizava a emoção, aparecia um enrijecimento absurdo nas costas, que tremiam. Em seguida, um dedo da mão esquerda não parava de se mexer. Eu não conseguia abrir e fechar a mão esquerda, que tremia bastante. Eu, que adorava servir chá com leveza e elegância, comecei a ficar desengonçada, desastrada. Meus movimentos – antes leves e suaves – se tornaram mais contidos, pois eu tinha receio de fazer alguma besteira.

Ao acordar, minhas pernas pesavam como barras de chumbo. Ficou difícil levantar. De repente, surgiu um leve movimento involuntário contínuo no pescoço, que os outros viam claramente e do qual eu não me dava conta. Comecei a andar com a cabeça baixa, caminhando mais rápido de vez em quando, dando até uma corridinha às vezes.

Ouvidas as interpretações psicoterápicas de todas as linhas, também as espirituais, o senso comum e outras abordagens, como último recurso resolvi ir ao médico. Neurologista.

Entrei escondida dentro de mim mesma, com um sorriso falso e cara de quem não quer nada. Sentei-me, já munida de radiografias, ressonância magnética nuclear e tudo. Ele nem quis ver nada e perguntou: "Como você tem lidado com o seu Parkinson?"

Meu mundo desabou. Como eu preferiria um enfarte fulminante a viver na pele a situação – que me veio imediatamente à cabeça – daqueles velhinhos doentes, mal andando com passos curtinhos e uma máscara facial neutra, sem nenhuma expressão!

Tive um ataque de vergonha tão intenso que poderia me esconder debaixo do tapete. Como se eu tivesse culpa de ter ficado assim. O que eu teria feito para merecer justamente essa doença?

Mas, como a síndrome evolui devagar, pude negar o diagnóstico durante um tempo. Fazia de conta que não estava acontecendo nada, mas ao mesmo tempo achava que ia perder todos os meus clientes, bem como meus amigos! E fazia um enorme esforço, quando estava fora de casa, para disfarçar movimentos involuntários ou pequenos tremores. Mas me cansava muito. Uma vez que a maior parte da minha energia ia para o controle, não para a tarefa proposta, perdi a naturalidade e a transparência.

Então, meus amigos, TUDO mudou. Tomar água ou chá sem derrubar o líquido se tornou uma proeza.

Eu, que adorava escrever cartas, com muito orgulho da minha letra grande e redonda, passei a sofrer com dor na mão a cada tentativa. Hoje é impossível escrever à mão: letras e números ficam ilegíveis.

O que era mais visível nos meus colegas de Parkinson era o tremor incontrolável da mão, inicialmente de um lado só. Em geral do lado esquerdo. Mas a mim é a rigidez muscular que perturba. De repente congelo, não sendo capaz de um movimento que seja. Em medicina, eles chamam esse fenômeno de "on-off". Eu perco a memória de como se dá o primeiro passo. Meu desempenho nessas horas é pior do que o de uma criança pequena, de quem chego a ter inveja.

Nesse momento da rigidez tenho de tomar muito cuidado, pois a ansiedade fica enorme e a tendência é tentar acelerar. Daí é tombo na certa. E eu nem desconfio de onde veio esse tombo. Sem a menor defesa, o machucado é grande. Já levei tombos de todo jeito. De frente, de lado, de costas... O pior foi um tombo em casa, em cima do carpete, segurando a porta do armário, em que fraturei o ombro direito, que ficou moído. Tive de ser operada e de colocar uma prótese de titânio, que vai do ombro ao cotovelo.

Levei mais de um ano para recuperar alguns movimentos do braço machucado.

Lembram-se de que meus sintomas de Parkinson eram do lado esquerdo? Pois é, tive de reaprender tudo com o lado esquerdo. Que, por sorte, está se revelando medianamente capaz.

Daí veio o computador, que foi a minha salvação, dando a chance de me comunicar. Devagar, errando muito, apagando coisas indevidas, fazendo desastres, assim vou indo.

Antes desta fase, eu exercitava muitas fugas comuns – de sair caminhando ao léu a pegar o carro e sair sem rumo até que algo me chamasse a atenção –, e em geral me dava um presente. Hoje, por motivos de segurança, tive de deixar de dirigir. Fiquei meio encurralada, parece que todas as minhas escapadas anteriores não funcionam mais.

Ao me dar conta desse beco sem saída, fico ressentida, e surgem, bem lá de dentro, pensamentos escuros e desesperados. A fé e a confiança na vida somem. Perco o contato com minha alma. Contra isso também tenho de lutar, porque só faz mal a mim mesma.

A duras penas aprendi que tenho mesmo de parar, tomar o remédio devido e esperar que faça efeito. Quando isso acontece, me sinto como aquele coelhinho que bate o tambor do anúncio das baterias: enquanto as pilhas funcionam sou capaz de fazer de tudo, inclusive dançar uma noite inteira!

Em compensação, com muito esforço desenvolvi o gosto e a habilidade de escrever. São cartas, e-mails, textos inspirados em geral na minha vivência da profissão de terapeuta. Um conjunto destes textos virou livro, que tem sido muito apreciado. O que me traz muita alegria.

Passei anos me omitindo, escondendo as minhas dificuldades, poupando a mim, a minha família, aos meus clientes e amigos, enfatizando o lado doce e leve da vida. Fazia o possível para disfarçar as dores. E, por incoerente que pareça, às vezes ficava ressentida por não ganhar a atenção que desejava e que necessitava.

Casa de ferreiro, espeto de pau. Como psicoterapeuta, eu dizia aos clientes (houve um tempo em que eu dizia tantas coisas...) que, quando um membro da família adoecia (em teoria parece fácil), era bom falar bastante da doença em questão, porque o paciente ajudaria, colaborando com seu tratamento, tomando responsabilidade por si.

Até que um dia, antes de uma apresentação em um congresso, verifiquei que estava sem voz – ou que, quando ela surgia, era pequenininha, quase inaudível. A plateia começou um zum-zum-zum e eu resolvi a questão pedindo a uma colega que fosse minha porta-voz. Ela se saiu esplendidamente bem, lendo com todo esmero. Naquele momento, minha alma ficou muito triste. O texto era muito pessoal, como tudo que escrevo. Afinal, quando falamos sobre momentos de nossa vida, é o mais profundo da alma se expressando.

Pois daquela vez ela teve de ficar calada. Eu havia trabalhado tanto no texto e fiquei ali, no palco, ouvindo outra voz falando de minhas coisas...

A perda da voz foi muito séria. (A voz caracteriza a pessoa, vem de dentro do ser, expressa as coisas mais internas.) O corpo ficou lá, refém de mim mesma – pelo meu silêncio, pela falta de clareza, pela falta de disponibilidade de falar da minha síndrome. Pois nem eu sabia da extensão do Parkinson. Eu queria parecer igual a todo mundo. E deu nisso.

Com muita dor, cheguei à conclusão de que estava agindo errado comigo mesma. O diálogo, tão importante para mim e para a minha profissão, àquela altura estava completamente truncado. Àquele congresso compareceu uma terapeuta americana que tinha vindo fazer umas apresentações e um *workshop*, no qual me inscrevi. E, muito diferente da minha atitude habitual, me ofereci para trabalhar com ela, assim, logo no início. Diante de enorme plateia, eu, que morro de vergonha de me expor, pedi a ela que me desse a mão, para ganhar coragem, e comecei a contar a minha saga durante aqueles anos todos em que fiz força para estar normal. A plateia me ouviu no maior silêncio, no maior respeito. Chorei muito, era um luto por mim mesma, que eu não conseguia reencontrar.

Depois disso, fui extremamente bem cuidada por todos que estavam lá. Aquilo foi um bálsamo para mim. Eu, que sempre insisti em dizer aos meus alunos que usassem os olhos para conhecer a pessoa diante de si, hoje peço a todos que procurem ver além do imediatamente disponível. Além do corpo. Se chegarem suficientemente perto, verão uma alma cheia de histórias para trocar.

Já me abri com vocês contando a minha trajetória. Não sei ainda o que está por vir, e acho que nem quero saber. Quero, sim, viver da melhor maneira possível os anos que me foram designados.

Parece que nasci com o destino de cuidar de outras pessoas, coisa que faço desde que me dei por gente. E sei fazê-lo muito bem. Até virou profissão! Mas agora vou virar o jogo.

Um caminho básico inicial

Temo ficar só. De vez em quando preciso da sua presença para me libertar dessa armadura e libertar minha fisionomia alegre e sorridente. Faça isso se sentando bem perto de mim, para que seja possível enxergar dentro dos meus olhos, onde a mentira não tem espaço.

Em síntese, o segredo é prestar atenção usando todos os sentidos, fazendo calar um pouco os pensamentos e as palavras.

Agora que consegui me expressar com clareza, uma nova esperança vem surgindo lá de longe e começo mais uma vez a me sentir muito bem acompanhada. A minha fé está voltando...

Conclusão

Ao sentar-me ao computador, não posso exagerar, porque as costas começam a doer, depois a queimar. Mas enquanto estou aqui, penso muito em vocês, meus amados, meus queridos amigos, meus clientes antigos, e me vêm lembranças queridas, cenas emocionantes, antigas, momentos especiais vividos saltam sem pedir licença. Quero dizer que vocês estão sempre comigo. O que eu faria sem vocês?

A seguir, algumas proposições para um futuro mais tranquilo.

O falar, o compartilhar, serve para outros casos de dor explícita. Acho que a maior disfunção consiste na dificuldade de seguir adiante, enfrentando a vida com os recursos que temos, não tentando voltar no tempo, em que as soluções eram outras.

A cada desafio, pensar e tentar realizar a tarefa da melhor maneira hoje. Se não der tempo, existe o amanhã. Se não for capaz, dizer com simplicidade: "Não consigo, posso ajudar de outra forma?"

Costumo enviar meus textos para amigos e colegas bem chegados e peço a eles que me deem retorno. Aguardar as respostas provoca bastante ansiedade, posso garantir. Mas, quando elas começam a chegar, vêm com contribuições preciosas, e se inicia um diálogo com cada um. São trocas importantes, que permitem que o medo e a solidão se afastem.

Alguns amigos já me escreveram de volta, criaram também coragem para falar de suas dores, de suas dificuldades, de sua depressão, do medo da morte ou ainda de ficar totalmente dependente de outros. Na fala deles eu me sinto acompanhada por gente que vive o mesmo que eu. Percebo, então, que não se trata de uma "tristeza" só minha, mas que ela pertence ao ser humano que atravessa certas passagens da vida.

Fico pensando no início da minha profissão, quando eu me achava capaz de resolver todos os problemas dos clientes. Eu não precisava de equipe, de medicamentos, do auxílio de pessoas que já haviam passado pelas mesmas coisas. Eu, sozinha, era capaz de fazer tudo.

A vida é paradoxal. Na primeira parte, fazemos de tudo para nos tornar indivíduos, para aprender, construir, armazenar – sempre com empenho e dedicação. Passada a meia-idade, inicia-se o processo inverso. Começamos a nos desvencilhar dos excessos, ficamos mais humildes, aceitamos ajuda, valorizamos os amigos, nos tornamos mais leves, desmanchamos o que não serve, ficamos reduzidos a nossa expressão mais simples. É o processo que toma conta.

Na juventude, ignoramos a morte. Hoje, o contato íntimo com a nossa finitude surpreendentemente nos faz viver melhor cada momento.

É muito raro um terapeuta compartilhar suas dores; ele se comporta como se fosse Deus, pairando acima das tempestades. Os textos desses profissionais costumam abordar o dinamismo do cliente e, às vezes, como se faz o manejo da situação.

Hoje sei que é importante pensarmos também no terapeuta. Precisamos nos lembrar que as pessoas passam pelo caminho terapêutico uma só vez, enquanto o terapeuta o faz tantas e tantas vezes. Costumo dizer que não nos graduamos nunca.

Só o fazemos quando tomamos consciência de que a profissão pode ter efeitos iatrogênicos (situação em que a terapêutica, que deveria ter elementos de cura, faz mal). Às vezes nos contagiamos com pacientes portadores de patologias crônicas, abusamos das emoções, percorremos caminhos que sabemos insalubres. E, ao nos fazer mal, desenvolvemos "estresse de contato".

Para não '"adoecer", convido a todos nós – *terapeutas e trainees* – a reconhecer que é necessário ter coragem de viver. Que é preciso ser reconhecido, acarinhado, amado, tratado com atenção. Que é preciso ser visto além daquilo que é aparente, do medo de ficar só, de envelhecer, de ser abandonado.

Meu convite para nós, terapeutas, é este: façamos isso juntos, falando com clareza de nossas queixas, de nossas escuridões, da solidão que ataca de vez em quando, ensinando-nos a nos abrir e a nos tornar pessoas melhores.

Mas temos de obedecer a certas condições, lembrando sempre de manter alerta, no presente – "local" de que dispomos para fazer o trabalho interno. De maneira levíssima, como uma borboleta numa flor. Não é mais hora de carregar pedras, nem de voltar ao passado, nem de se afogar em previsões catastróficas para o futuro.

Diz o mito de Osíris que, quando o indivíduo morre, é levado à presença do deus, que tem ao seu lado uma balança: num dos pratos deve ser colocado o coração do recém-chegado; no outro prato repousa uma delicada pena branca. Para que o indivíduo possa entrar no céu, o resultado da pesagem deve ser equilibrado. Ou seja, o coração e os sentimentos devem estar igualmente leves.

Difícil, não? Mas vamos tentar juntos?

www.gruposummus.com.br